Matthias Jung

CHILL MAL!

Matthias Jung

CHILL MAL!

Am Ende der Geduld ist noch viel Pubertät übrig

EDEL

Edel Books
Ein Verlag der Edel Germany GmbH

Neumühlen 17, 22763 Hamburg
www.edel.com
2. Auflage 2018

Projektkoordination: Dr. Marten Brandt
Redaktion: Steffi von Wolff
Lektorat: Tillmann Courth
Umschlagillustration: Lena Schaffer
Layout und Satz: Datagrafix GmbH, Berlin
Umschlaggestaltung: Groothuis. Gesellschaft der Ideen und Passionen mbH | www.groothuis.de
Druck und Bindung: optimal media GmbH, Glienholzweg 7, 17207 Röbel / Müritz

Printed in Germany

ISBN 978-3-8419-609-0

Für meine wundervolle Freundin Nicole und meine großartigen Kinder Lenny und Kate!

Inhalt

Vorwort 9

1. Kapitel: Chill deinen Körper 13

2. Kapitel: Chill deine Hormone 29

3. Kapitel: Chill dein Gehirn 67

4. Kapitel: Chill die Schule 85

5. Kapitel: Chill dein Handy 113

6. Kapitel: Chill die Familie 137

7. Kapitel: Chill meine Hobbys 173

8. Kapitel: Chill die Pubertät 199

Quellen 223

Vorwort

Pubertät ist:

- wenn man trotzdem lacht …
- die Zeit, in der die Eltern schwierig werden …
- die wahrscheinlich aufregendste Zeit in unserem Leben
- die wahrscheinlich aufregendste Zeit, durch die wir unsere Kinder begleiten dürfen
- toll, anstrengend, spannend … die Zeit mit den meisten und rasantesten Veränderungen im Leben eines Menschen
- ein wahnsinnig wichtiger Entwicklungsabschnitt
- die Zeit des Loslassens und Abnabelns
- die Zeit, in der ich als Mutter oder Vater stolz beobachten kann, wie sich mein Kind zum Erwachsenen entwickelt

Doch sie ist keine Krankheit. Sie gehört zu unser aller Leben dazu. Niemand von uns kommt drum herum, aber wir kommen ganz sicher irgendwann wieder heraus – also die meisten zumindest.

Es ist ohne Frage die Zeit mit den meisten Aufs und Abs für uns Eltern wie für die Teenager. Genauso, wie sich ihre Launen oft nach außen zeigen, so sieht es auch in ihnen drinnen aus. Chaotisch, launisch, wechselhaft. In der einen Minute sind sie zu Tode betrübt und in der nächsten plötzlich und scheinbar grundlos vollkommen euphorisch.

Das ist ohne Frage anstrengend für alle. Obwohl wir wussten, dass die Pubertät unausweichlich kommen werde, verwirrt sie uns. Obwohl es viele Gemeinsamkeiten unter Pubertierenden gibt, ist doch jede Pubertät anders. Anders verrückt und anders spannend – und auch anders schön.

Betrachten wir die Pubertät mal von einer ganz anderen Seite: Es ist doch auch super toll, dabei sein zu dürfen, begleiten zu dürfen und zu sehen, wie aus unserem kleinen Pupsi ein Pubertist und dann – o Wunder! – ein Erwachsener wird. Mitunter macht es Angst, aber letztendlich vor allem stolz, diese Entwicklung zu beobachten und zu begleiten.

Ganz sicher wird auf dem Weg dorthin nicht alles glatt gehen. Er wird begleitet sein von chaotischen Zimmern (dort herrscht dasselbe Chaos wie im Kopf der Teenager), von durchtelefonierten Nächten und von Partys mit viel zu viel Alkohol. Geschwänzte Schulstunden und ignorierte Hausaufgaben sind ebenfalls keine Seltenheit. Grundsätzlich haben wir Eltern unrecht, sind unentspannt („ungechillt") und einfach nur megapeinlich. Es gibt es so viele Dinge, vor denen wir unsere Kids gerne bewahren würden. Doch zum Erwachsenwerden gehören Erfahrungen unbedingt dazu, und zwar gerade nicht nur die positiven.

Das Wichtigste, das wir unseren Kindern in der Pubertät mitgeben können, ist Vertrauen – in sich selbst sowie in ihre Fähigkeiten und Möglichkeiten. Es gibt kein Geheimrezept, nur eins ist Fakt, da müssen wir alle durch. Aber wie wir Durchhalten, liegt nicht zuletzt an uns selbst. Am besten funktioniert es mit einer großen Portion Coolness und Humor.

Hey, aber das Beste ist, du bist nicht allein. Es gibt die vielen anderen Eltern da draußen, die das alle auf ihre Weise erleben, und es gibt Matthias, der die besten Tipps mit ganz viel Humor für euch zusammengetragen hat. Vielleicht ist dann am Ende eurer Geduld gar nicht mehr so viel Pubertät übrig.

Daniela Strube

1. KAPITEL

Chill deinen Körper

Wo ist mein Kind? Wo ist das wonnige Bündel Mensch, das so gut nach Baby und Bübchen-Lotion gerochen hat, das mich strahlend anlächelte, seine Ärmchen nach mir ausstreckte und dessen erste Worte waren: „Papa, ich liebe dich."

Mein Kind.

Ein Wunder der Natur.

Einzigartig.

Perfekt.

Wenn ich mir alte Fotos anschaue, zerfließt mein Herz vor lauter Rührung. Mein Sohn, gerade geboren, liegt im Arm seiner Mutter und schaut staunend in die Kamera. Dann der erste Geburtstag, laufen lernen, und immer dieses strahlende Lächeln, das einen Gletscher zum Schmelzen bringen kann. Der blonde Wuschelkopf, die blauen Augen, ach, ach. Da, das Foto mit dem ersten Fahrrad. Wie konzentriert er ist und wie beflissen! Ich weiß noch, wie er mich mit Fragen gelöchert hat. Woher Kreuzschlitzschraubenzieher kommen. Wieso Wespen stechen. Was Hefe ist. Warum es Boris Becker gibt. Es waren so schöne Jahre.

Erst neulich musste ich wieder daran denken, als ich die alten Benjamin-Blümchen-CDs auf dem Flohmarkt verkauft habe. Vorbei, vorbei. Gestern hat er mit seinen Freunden noch Fußball gespielt, ist fast geplatzt vor Mitteilungsbedürfnis, wenn er nach Hause kam, war kaum zu bremsen beim Erzählen. Plötzlich ist das vorbei. Es ist leider wahr: Benjamin Blümchen ist mittlerweile genauso scheiße wie die Nachbarn, Fußball, die Schule, die Welt, die öffentlichen Verkehrsmittel, Höflichkeit, Pünktlichkeit, der Dalai Lama – und am allerscheißesten sind natürlich die Eltern.

Aus unserem strahlenden Sonnenschein ist ein muffiger, motziger, übellauniger, zorniger, alles kacke findender Pubertist geworden. Kommunikation? Beschränkt sich auf das Nötigste und läuft nach immer dem gleichen Muster ab; hier die Top Five der häufigsten Dialoge zwischen Eltern und Kind:

1. „Räumst du bitte endlich dein Zimmer auf?"
   „Ej, Mann, ej."
2. „Kannst du bitte endlich die Pfandflaschen wegbringen?"
   „Ej, chill mal, ja."
3. „Was ist eigentlich mit Hausaufgaben?"
   „Maaaaann!"
4. „Steht da unter deinem Bett etwa noch der Teller mit den Pizzaresten von vor zwei Wochen? Da ist JA SCHIMMEL DRAUF!"
   „Dis is mein Zimmer, ej."
5. „Kommst du bitte zum Abendessen?"
   „Kein Bock."

Mittlerweile hockt er am liebsten stunden- und am Wochenende tagelang in seinem Zimmer und will mit nix was zu tun haben, kommt nur raus, wenn er aufs Klo oder seine Finger unter kaltes Wasser halten muss, weil er vom ewigen Getippe auf dem Smartphone Blasen bekommen hat. Oder er erscheint unvermittelt im Türrahmen, um schnöde Geld zu fordern.

> Eine Mutter erzählt: „Wenn meine Tochter mal wieder zum Kotzen ist, weil sie alles zum Kotzen findet, höre ich einen alten Text vom Anrufbeantworter ab, den sie mal gesprochen hat, als sie noch liebenswert und ein menschenähnliches Wesen war." Voller Wehmut erinnert sie sich: „Diese Stimme, engelsgleich, süß, so voller Eifer und so fröhlich. Ach! Immer wenn ich nicht weiter weiß, höre ich den Anrufbeantworter ab und denke: Vielleicht steckt ein Stück von diesem wunderbaren Kind doch noch in dem Monster, das meine Tochter momentan ist."

Ja, unser Kind ist noch so klein und doch schon mittendrin. In der Pubertät. Die Pubertät – der Begriff kommt aus dem lateinischen *pubertas* und bedeutet Geschlechtsreife – ist eine entscheidende Entwicklungsphase, die im Allgemeinen zwischen dem 10. und 16. Lebensjahr beginnt und einige Jahre dauern kann. Eine Umfrage im Bekanntenkreis hat ergeben, dass 90 Prozent der Befragten lieber in eine Privatinsolvenz gehen würden, als die Pubertät ihres Kindes noch einmal durchzustehen. Zwei Väter haben ernsthaft behauptet, eher eine Niere spenden zu wollen, als diese Phase noch einmal mitmachen zu müssen.

Das Kind ist kein Kind mehr und will es auch nicht sein. Es verändert sich – nicht nur der Körper, auch die Gefühle, das Denken und die Beziehungen. Bei dem einen fängt's früher an, beim anderen später. Und wenn man jetzt stocken sollte und sich fragt: Moment mal, was hab ich da gerade gelesen? Ab dem 10. Lebensjahr? Das war doch *früher später*.

Stimmt, früher ging das später los, da hatten die Eltern noch ein paar gute Jahre mehr mit ihren Kleinen. Vor 150 Jahren setzte die Pubertät mit 17, 18 Jahren ein, 1950 bereits ab 13. Und jetzt sind wir bei zehn Jahren! Es ist tragisch, aber wahr, und Gott bewahre, dass sich das nicht noch weiter nach vorne verschiebt! Ein Junge mit Vollbart auf einem Bobby-Car sähe einfach scheiße aus, oder wenn er im Stimmbruch auf einem Dreirad an einem vorbeiführe und wie dereinst Bruce Willis in *Die Hard* mit tiefer, rauchiger Stimme riefe: „Yippie-ya-yeah, Schweinebacke!" Das wollte man nicht, genauso wenig, wie man auf dem Einschulungsfoto Pubertätspickel sehen und statt Schokolade eine Flasche Clearasil in die Schultüte geben möchte.

Aber wie gesagt, das ist Statistik, die Pubertät *kann* so früh beginnen, *muss* aber nicht. Man darf von Kind zu Kind hoffen. Der Körper entscheidet selbsttätig. Auslöser sind hormonelle Veränderungen, die äußerlich sichtbare Veränderungen, sprich: Pickel und Härchen, aber auch merklich spürbare Veränderungen im Gefühlshaushalt und im Denken bewirken.

Freunde werden in der Pubertät zunehmend wichtiger, viel wichtiger als die Eltern, die sind jetzt meistens doof, weil sie einen „nicht mehr verstehen". Der beste Freund und die beste Freundin – die verstehen einen. Schließlich sind sie in derselben Situation. Mit der Freundin wird stundenlang geredet. Mit den Eltern gar nicht mehr, denn – eben – die verstehen einen nicht mehr.

Für die Eltern reichen Einwortsätze, mal Subjekt, mal Prädikat, mal Objekt. Oder Adjektiv. Oder wie auch immer. Jede Woche eins, das reicht!Wir kennen die Situation: Das Kind kommt aus der Schule, pfeffert die Tasche in die Ecke, man erkundigt sich: „Na, wie war's?" Das Kind dreht sich um, atmet schwer ein und stöhnt: „Gut." Mehr kann man nicht verlangen. Irgendwann lernt man auch Laute zu deuten, zum Beispiel „Mmpf". Das kann stehen für: Zahnschmerzen, eine Eins in Mathe oder eine Grundsatzdiskussion über Trump.

Für Eltern ist das eine schwierige Zeit, denn wer lebt schon gern mit Wesen zusammen, die wie Menschen aussehen, sich aber benehmen wie aggressive Flugsaurier, die auf einen losflattern, sobald man seiner elterlichen Sorge Ausdruck verliehen hat? Aber es hilft nichts, da müssen wir Eltern durch. Wir können uns damit trösten, dass es irgendwann wieder besser wird, auch wenn wir dann möglicherweise mehrere Nervenzusammenbrüche hinter uns haben und sichtbar gealtert sind. Eine Marktlücke übrigens: Warum gibt es noch keine Pflegeserie „für die Haut von gestressten Pubertätseltern"?

Vielleicht sollten wir uns einfach nicht mehr so auf über das undankbare Pack aufregen, also unsere Kinder. Möglicherweise hilft uns dabei zu verstehen, was genau in der Pubertät passiert.

Schau mal, was da wächst

Nehmen wir mal den *Durchschnitt*: Bei den Jungs setzt die Pubertät im Alter zwischen 12 und 14 Jahren ein. Die Ausschüttung von Testosteron stimuliert im

Hodengewebe das Reifen bestimmter Zellen – und schwuppdiwupp kann die Samenbildung beginnen und ein Junge könnte ab nun Kinder zeugen. Bei den Mädchen beginnt die Pubertät schon im Alter von 10 bis 12 Jahren: Der Körper wird fraulicher, das heißt: breitere Hüften, wachsende Brüste, die Regelblutung setzt ein. Ab nun kann das Mädchen Kinder kriegen. Noch vor 150 Jahren fand die sogenannte Menarche erst mit etwa 17 statt. Das lag nicht zuletzt an der schlechteren Ernährung junger Mädchen.

Die körperlichen Veränderungen gehen mit einem deutlichen Wachstumsschub einher, oft schießen die Kinder wie Pilze in die Höhe, so schnell kann man gar nicht gucken. Um die zehn Zentimeter beträgt das durchschnittliche Wachstum in den Pubertätsjahren. Mädchen erreichen ihre ausgewachsene Körpergröße ungefähr mit 17 Jahren, Jungs wachsen manchmal noch bis sie 20 sind.

Unser Nachbarsjunge ist mittlerweile zwei Meter groß, sein Vater reicht ihm bis zur Schulter und muss, wenn sie nebeneinander gehen, fast rennen, um noch mit seinem Sprössling mitzuhalten. Sohnemann hat zudem den großen Vorteil, da oben ganz andere WLAN-Netze als sein Vater und alle anderen Kleinen nutzen zu können. Letztens fragte ich ihn, wie es seinem Vater gehe, woraufhin er entgegnete, er wisse es nicht, er sehe ihn immer nur, wenn er sich die Schuhe zubinde.

Spätestens mit der Geschlechtsreife ist die Phase erreicht, in der sich die Eltern fragen: „Wo ist nur unser kleines Kind geblieben?“ Sorry, das ist weg. Beziehungsweise, vielleicht ist es immer noch ein Kind, aber es glaubt, erwachsen zu sein und alles besser zu wissen.

Aus den Goldköpfchen, die wir eben noch mit Brei gefüttert und vom Sand gesäubert haben, sind große, schlaksige, behaarte, picklige, schwitzende, krächzende Giftzwerge geworden.

Der Stimmbruch ist eine Zumutung für alle, mal ist die Stimme hoch und erinnert an ein kieksendes Küken, dann wieder so tief, als hätte John Wayne eine Stimmbandentzündung (weil auch der vordere Teil des Kehlkopfs sich entschließt, größer zu werden). Mädchen mutieren zu zickigen, schrillstimmigen, pickeligen, überschminkten, aggressiven und oft etwas pummeligen Nattern (ja, die Mädels nehmen in der Pubertät zu, die Proportionen ändern sich, ihr Körperfettanteil wächst – wer möglichst früh in die Pubertät kommen möchte, sollte Stammgast bei McDonald's werden). Nichts ist ihnen recht, beim geringsten Anlass fangen sie an zu heulen, weil sie alles als absolute Katastrophe empfinden (der Media Receiver versagt bei der Aufnahme von GNTM, Primark ist wegen Umbau vorübergehend geschlossen oder das WLAN für drei Minuten ausgefallen, und das alles bei drei Prozent Akku!). Dann ist das Gekreische groß. Zu keinem Zeitpunkt im Leben ist die Stimme übrigens so schrill und laut wie in der Pubertät. Jugendliche schaffen 116 Dezibel, ungefähr die Lautstärke einer Motorsäge. Mädchen schreien gerne, wenn sie Spinnen oder angesagter Stars ansichtig werden. Eine extreme Kombination: Justin Bieber oder Lukas Rieger im Spiderman-Kostüm.

Eine weitere unschöne, aber nicht zu leugnende Tatsache: Bei beiden Geschlechtern setzt eine verstärkte Aktivität der Hauttalgdrüsen ein, die zur Folge hat, dass man Pickel oder Akne kriegen kann und … nun ja, sagen wir mal, *anders* riecht als vorher. Letztens erzählte mir ein Vater, wie er zwölf Dreizehnjährige nach einem Fußballspiel ungeduscht in einem Kleintransporter nach Hause gefahren und sich dabei einen steifen Nacken sowie eine Bindehautentzündung eingefangen habe – nämlich vom andauernden Herausbeugen aus dem Autofenster. Vielleicht war ja der Prager Fenstersturz, der den Dreißigjährigen Krieg eingeleitet hat, die Verzweiflungstat eines Teenie-Vaters, der einfach nur lüften wollte?

Überhaupt: Man muss sich mal klarmachen, dass früher nicht nur die Pubertät später anfing, wie erwähnt so etwa mit 17 Jahren, sondern dass die durchschnittliche Lebenserwartung zudem lediglich 35 Jahre betrug. Machtausübung und Pubertät fielen somit mehr oder weniger zusammen. Heinrich VIII., geboren 1491, bestieg den Thron 1509. Franz Joseph, unser Franzl, der Mann von der Sisi, wurde mit 18 österreichischer Kaiser, und Sisi selbst war 15, als sie sich mit dem Franz verlobte. Nero wiederum, der später Rom in Schutt und Asche legte, war 17, als er Kaiser wurde.

Der Zeitpunkt der Geschlechtsreife hat übrigens Folgen für das ganze Leben. Das hat die Jenaer Entwicklungsspsychologin Karina Weichold in einer Langzeitstudie herausgefunden. Zehn Jahre lang begleitete sie eine Gruppe von 66 Mädchen, filmte sie bei Streitgesprächen mit ihren Müttern, maß Hirnströme und Stresshormonspiegel, packte den Probanden GPS-Geräte in die Rucksäcke und beobachtete, wo sie ihre Freizeit verbrachten. Es hat, so das Ergebnis, eindeutige Konsequenzen, ob jemand frühreif oder spät dran ist. Wenn Mädchen schon mit 11 ihre erste Regelblutung haben, belastet dies dauerhaft das Verhältnis zu ihren

Müttern. Sie gründen früher eine Familie, wechseln den Partner häufiger und sind im Beruf oft nicht so erfolgreich wie die „späten“.

Der Grund, so Weichold: „Diese Mädchen mussten zu früh erwachsen werden. Gleichzeitig glucken die Mütter um ihre Kinder, die ihnen zu schnell erwachsen werden, herum – das führt zu Konflikten.“

Viele Eltern mögen sich also fragen: Mein Gott, wie soll ich das nur aushalten? Leider gibt es darauf keine befriedigende Antwort. Wir sollten indes nicht vergessen, dass es unsere Kinder sind, die drinstecken in der Pubertät und denen es oft nicht sonderlich gut dabei geht. Plötzlich und quasi über Nacht verändert sich so viel bei ihnen, dass sie sich selber fragen, ob mit ihnen alles in Ordnung sei.

Dazu kommt – vor allem bei Mädchen – der immense Druck durch die Medien. An der ungewollten Gewichtszunahme gehen sie fast zugrunde, denn nichts entspricht plötzlich mehr dem gängigen Schönheitsideal, das irgendwelche Designer mit einer Vorliebe für Haut mit Knochen in die Welt gesetzt haben. Viele Mädchen fangen in dieser Phase mit Diäten und Schminken an, was fatal ist. Denn die wenigsten haben das Make-up im passenden Farbton ihrer Haut und sehen danach aus wie Zombies; dazu kommt, dass Make-up das Pickelsprießen zusätzlich fördert. So fühlen sie sich noch unglücklicher.

Leider ist es völlig unmöglich, die Töchter zu trösten. Sie werden dann zu wilden Tieren und alles ist kacke und mies und man gönnt ihnen nichts und alle sind böse und wir freuen uns ja nur, dass sie Pickel haben, und wie kann man sie überhaupt darauf ansprechen, das ist ja wohl das Allerletzte: „So was Fieses, boah, mit dir bin ich fertig, buhuuu, ich finde mich so scheiße ...“

Es geht aber noch weiter. Die Körper verändern sich, werden erwachsen, reifer, bilden sich aus und manch einer mag denken: Schau, ein richtiger kleiner Erwachsener! Und ich war dabei!Doch die Psyche hinkt hinterher, kann beim Tempo des Körpers nicht mithalten. Es ist, als ob eine Wanderdüne versuchte, einem Geparden zu folgen. Es kann passieren, dass ein Schrank von 16-jährigem Mann vor einem steht, breitbeinig, mit Dreitagebart und muskelbepackt, aber dieser famose Kerl, bei dem sich die Klitschkos eine Scheibe abschneiden könnten, fegt zornig wie ein Fünfjähriger die Hütchen vom “Mensch ärgere Dich nicht“-Brett und jault los, weil die Lieblingsjeans noch in der Waschmaschine ist.

Körper erwachsen – Seele Kind, das nennt man in der Wissenschaft auch das „Trump-Syndrom“.

Achterbahnfahrt der Hormone

Während die Seele sagt: Ich würde gerne mal wieder „Spitz, pass auf!“ spielen, entgegnet der Körper: „Ich bin spitz, pass auf!“ Denn das fängt ja jetzt auch an, das Interesse an der Sexualität. Bei Mädchen hört man es meistens: Sie kichern und gickeln, wenn sie zusammen sind, was das Zeug hält, und schreien „Oh Goooott!“, wenn einer, den sie gut finden, auf eine WhatsApp geantwortet hat, die gemeinsam mit allen Freundinnen bis aufs letzte Komma analysiert wird. Sie tun gelangweilt, wenn der, den sie gut finden, in der Nähe ist, aber jeder Blinde mit Krückstock sieht, dass sie ihn am liebsten anspringen würden.

Die Jungs wiederum schlaksen herum, cool wie Eis, zeigen überhaupt gar kein Interesse – und werden dadurch noch interessanter. Und alles, was sie tun oder nicht tun, ist süüüß.

„Guck mal, der Max steht da."

„Oh, wie süüüüüüß!"

„Guck mal, der Max schaut auf den Boden."

„Oh, wie süüüüüüüß!"

„Guck mal, der Max macht nichts."

„Oh, wie süüüüüüüüüüüüüüüüüß!"

Und nochmal wissenschaftlich: Das Ganze ist eine Hormonkaskade. Wenn der Startschuss fällt, bilden die Zellen des Hypothalamus, einer wichtigen Steuerzentrale im Zwischenhirn, den Botenstoff Neurokinin B, der wiederum die Produktion einer Substanz namens Gonadotropin-Releasing-Hormon anstößt. Dieser Stoff signalisiert über weitere Zwischenschritte Hoden und Eierstöcken, dass die Zeit gekommen ist, die Körper mit den Sexualhormonen Testosteron und Östrogen zu fluten. Parallel dazu sorgen die Wachstumshormone dafür, dass sie sich strecken. Alles in einem Rutsch sozusagen. Da kommt ganz schön viel zusammen.

Die Pubertisten müssen sich infolgedessen ganz neu kennenlernen. Sie können erst mal nichts, müssen erst alles ausprobieren und schauen, was gut für sie ist. Diese ganze Ungewissheit macht auch schlechte Laune – noch so eine verzichtbare Nebenwirkung der Pubertät, bei Mädchen wie bei Jungen.

„Ich drehe noch durch", erzählte kürzlich eine Mutter. „Warum kann sich meine Tochter wichtige Dinge nicht merken? Zum Beispiel, wo ihre Monatskarte ist, oder dass ich sie gebeten habe, Milch mitzubringen? Aber dass ich ihr 20 Euro Vorschuss aufs Taschengeld versprochen habe, das vergisst sie nicht."

Die Antwort ist: Die Kinder bilden sich ihre eigene Meinung, testen aus und merken sich auf höchst ökonomische Weise nur das, was für sie wichtig ist. Und 20 Euro sind wichtiger als Milch mitzubringen. Ihr aggressives Verhalten ist oft nichts als Hilflosigkeit im Umgang mit sich selbst.

Sie brauchen in dieser Phase sehr viel Ruhe, um sich zurückziehen und über das Leben grübeln zu können. Die Pubertät ist die Zeit der Suche. Wer oder was bin ich? Was würde ich gern machen, worin liegen meine Stärken? Das herauszufinden, ist jetzt die Hauptaufgabe, die mit viel Ausprobieren, Testen und auch Anecken einhergeht. Gut gemeinte Ratschläge der Eltern sind grundsätzlich die falschen und die Eltern selbst sowieso total nervig (diese ausgeglichenen, in sich ruhenden, angekommenen Menschen!).

Während man selbst im Nirwana herumdümpelt und nicht weiß, wohin mit sich und seinen zu langen Armen und der komischen Stimme. Aggressionen, Loskreischen beim kleinsten Anlass mit der Stimme eines Kojoten, dem man versehentlich auf die Pfote getreten hat, grundsätzliches Nein-Sagen sind Ausdruck der Verzweiflung darüber, mit sich selbst gerade gar nicht klarzukommen, aber zugeben wird man das auf gar keinen Fall.

Das pubertierende Kind zieht sich zurück. Chillen ist die euphemistische Umschreibung für die Hauptaktivität: Bei geschlossenen Fenstern vor sich hin muffeln. An den Wochenenden bekommt man Pubertierende nicht vor Mittag zu Gesicht und dann hocken sie da und stochern im Essen herum und – richtig – alles ist kacke. Lieber stundenlang mit Handy auf der Toilette sitzen als mit der Familie am Esstisch. Und wehe, man klopft vorsichtig an:

„Entschuldigung, ich muss auch mal."

„Alter, kannst du mich nicht einmal in Ruhe lassen!"

Schon klar: WC heißt ja auch „wir chillen".

Und stündlich schläft das Murmeltier

Zwischen dem Chillen wird geschlafen. Stundenlang. Tagelang. Früher wäre man froh gewesen. Da galt das Motto: „Ich sehe so friedlich aus, wenn meine Kinder schlafen." Aber jetzt? Ich kenne Mütter, die haben sich in die Zimmer ihrer Kinder geschlichen und ihnen Spiegel unter die Nase gehalten, wie damals, als sie noch Babys waren, um zu sehen, ob der Spiegel beschlägt und der Säugling noch atmet.

Muffigkeit kennt keine Grenzen. Viele Eltern zeigen sich schockiert über ihre Kinder. Wie konnte ihr eigenes Fleisch und Blut zu Monstern mutieren? Das fragen sich die Eltern. Rein äußerlich mag das stimmen und auch das Verhalten der Kinder hat ein Stück weit mit Terrorismus gegen alles und jeden zu tun, aber die Erklärung ist eben, dass der Nachwuchs mit sich selbst überfordert ist.

Aber man frage nicht nach, noch versuche man, die Hand zu reichen:

„Was ist denn nur los mit dir?"

„Maaaaaaaann!"

„Bist du traurig?"

„Maaaaaaaaaaaaaaaaaaaaaaann!"

„Du kannst mit mir über alles reden."

„AAAAAAAAH!!!"

Haben sie einem früher das Ohr abgesabbelt, bedienen sie sich jetzt nur mehr eines sehr überschaubaren Wortschatzes: Cool, Alter, Maaaaann. Egal. Keine Ahnung.

Die einzigen, die das pubertierende Opfer verstehen, sind die anderen Pubertierenden. Mit denen kann man abhängen, schweigen, cool sein, einfach so. Und man kann gemeinsam die Eltern und überhaupt die Erwachsenen merkwürdig finden und alles hinterfragen, was sie tun oder nicht tun. Dafür sind Worte da. Um Himmels willen keine Nähe! Grenzen werden gezogen, weil die Kinder ihren Platz suchen und ihn selbst finden wollen und müssen.

Eine Randbemerkung nebenbei: Wir Erwachsenen sollten das Potenzial der Pubertät zu schätzen lernen. Diese Lebensphase ist stressig, aber auch einzigartig! Nie wieder, wie sich viele von uns selbst erinnern werden, wird eine Zeit kommen, in der so viel gehadert, verworfen, geplant und gefühlt wird. Heute Philosoph, morgen Revoluzzer und immer zu 100 Prozent. Wir werden nie wieder eine solche Entdeckerfreude an den

Tag legen (wäre auch zu anstrengend auf Dauer) und so viel ausprobieren. Was andere denken, ist egal.

Wenn wir heute auf dem Sofa liegen, Beine hoch und nichts tun, sollten wir uns an die Zeit erinnern, in der wir so voller Energie waren. Uns unverstanden gefühlt haben und doch so stark. Heute ist es vielen von uns wichtig, von allen gemocht zu werden – das war uns damals egal. Da waren wir bockig und standen dazu, jemanden scheiße zu finden. Kompromisse? Nö. Heute ist alles irgendwie ein Kompromiss, müssen wir zu Leuten freundlich sein, die wir nicht mögen. Vielleicht sollte man ab und an mal zu jemandem sagen: „Ej, ich find dich so kacke, hau ab!" Womöglich ginge es einem danach besser. Meist geht man den Weg des geringsten Widerstands. Schade eigentlich.

In der Pubertät haben wir es doch auch gekonnt. Tapfer zu unserer Meinung zu stehen. Allein gegen alle. Zum ersten Mal ein Individuum. Eigene Ansichten. Raus aus der elterlichen Geborgenheit. Wir stellten fest, die wissen auch nicht alles besser. Und Lehrer haben nicht immer Recht.

Das Fazit: Lasst uns Nachsicht mit unseren Kindern haben. Letztendlich meinen sie's ja nicht böse, auch wenn wir ihnen manchmal den Hals umdrehen oder sie zur Adoption freigeben möchten. Letztlich bleiben es doch unsere Kinder und wir werden sie nicht hergeben, niemals!

2. KAPITEL

Chill deine Hormone

„Ach, da bist du ja, Lena, ich dachte, du hättest nach der sechsten aus."

„Nee-hab-ich-dir-aber-gesagt-Mama."

„Hast du nicht. Macht ja nichts. Ich habe Spag ..."

„ICH HABS WOOOHL GESAGT! KANN ICH JA NIX DAFÜR, WENN DU NICHT ZUHÖRST. DU BIST ECHT ..."

Trampel trampel trampel.

BUMM! (Zimmertür)

„... hetti Bolognese gemacht, das isst du doch so gern ...?"

Zwei Minuten später:

Trampel trampel trampel.

„Ach Mama, tut mir leid, ich hab dich doch lieb." (Mutterherz schmilzt, alles ist vergessen.)

„Ich dich doch auch, mein Schatz. Ich hab Spaghetti Bolognese gemacht."

Hysterisches Aufjaulen, wie wenn jemand auf dem Zehnmeterbrett steht und feststellt, dass das Schwimmbecken gar kein Wasser enthält.

„Nu-deln! Bo-loooooo???"

„Ja!" (Ich bin eine gute Mutter, ich weiß, was meiner Tochter schmeckt!)

„Ich HASSE Nudeln mit Bolo!"

„Aber gestern hast du doch gesagt, dass ..."

„DU BIST SO GEMEIN! DU WEISST GANZ GENAU, DASS ICH ABNEHMEN WILL! UND DU WILLST, DASS ICH NOCH FETTER WERDE! DAS WILLST DU! BUUUUHUUUUUUUUUUUU-UUUUUUU!“

Trampel trampel trampel.

BUMM!

Dabei ist man bei der Geburt dieses Wesens so froh gewesen, so dankbar. Vergessen waren die blamable Situation im Supermarkt, als die Fruchtblase platzte, die mörderische Fahrt ins Krankenhaus, die Wehen, der Einlauf, die enervierenden Tipps der Krankenschwester, der hysterische Anfall des Vaters.

„Atmen Sie, atmen Sie, hecheln, hecheln, hecheln, Sie machen das suuuper!“ „Ich kann nicht mehr!“ „Jetzt pressen! Ich kann schon das Köpfchen sehen!“ Und dann, endlich, der erlösende Schrei.

Man schwor sich, dieses Kind vor allem Unheil zu schützen, immer für es da zu sein, und es stimmt in den meisten Fällen wirklich: Sobald es auf der Welt ist, sind alle Schmerzen vergessen. Und alles ist erst mal gut.

Leider kommen die Schmerzen nach ein paar Jahren wieder. Es sind größtenteils Nervenschmerzen, weil man hin und wieder einfach ausrasten möchte. „Ich dreh noch durch!“, „Ich kann nicht mehr!“, „Ich war früher ganz bestimmt nicht so!“ sind gern genutzte Wendungen. Nämlich dann, wenn das Kind, das wir eben noch vor allem Unheil der Welt beschützen wollten, sich so verändert hat, dass wir es auf den Mond schießen wollen. Wie die Hormone so spielen.

Eine Bekannte hatte dazu folgendes Schlüsselerlebnis: Eines Sonntagmorgens war der Garagenschlüssel verschwunden. Das war blöd, weil der Sohn zu einem 50 Kilometer entfernten Hockeyturnier gefahren werden wollte, das um zehn begann, worüber der Sohn die Eltern um halb zehn informierte. Es entfachte sich folgende Diskussion, bestehend aus zwei Sätzen:

„Ich hab's dir letztens gesagt, Maaaaann!"

„Du hast es nicht gesagt, sonst hätte ich es mir aufgeschrieben."

„Ich hab's dir letztens gesagt, Maaaaann!"

„Du hast es nicht gesagt, sonst hätte ich es mir aufgeschrieben."

Der Sohn fühlte sich in die Enge getrieben und behauptete schließlich, die Eltern hätten den Schlüssel versteckt, weil sie keine Lust hätten, ihn zum Hockeyturnier zu fahren, und er habe sowieso schon lange bemerkt, dass sie eigentlich überhaupt keinen Bock mehr auf ihn hätten und froh wären, wenn er nie auf die Welt gekommen wäre, und sie seien sowieso keine Eltern, sondern einfach grauenhafte alte Leute.

Als der Schlüssel schließlich in einem schmutzigen Strumpf des Sohns gefunden wurde, waren das selbstverständlich auch die Eltern gewesen, die ihn dort versteckt hatten, um ihn zu denunzieren. Und jetzt hätten sie ja sowieso erreicht, was sie wollten, das Turnier habe nämlich schon angefangen, schönen Dank auch.

Die Mutter rief später bei einer Freundin an, die eine Tochter im gleichen Alter hatte, um sich Rat zu holen. Die sagte nur: „Willkommen im Club", während die Tochter im Hintergrund herumschrie wie ein Brüllaffe auf Drogenentzug, weil die Großmutter, die gerade zu Besuch war, ihr Lieblings-T-Shirt zum Putzen der Toiletten benutzt hatte, weil sie dachte, es sei ein alter, verfärbter Lappen. Die Oma fing an zu weinen, weil alle so undankbar seien, auch ihre eigene Tochter, das müsse sie sich wirklich nicht bieten lassen, und brauchte schon am Morgen erst mal einen Cognac. Heute noch und auf der Stelle würde sie heim nach Oer-Erkenschwick fahren. Beste Voraussetzungen für einen friedlichen Tag waren somit gegeben. Dass sie den Tobsuchtsanfall der Enkelin nicht hätte persönlich nehmen sollen, hat die Oma nicht gewusst.

Achtung, Kind wird abgekoppelt!

Stimmungsschwankungen, Schuldzuweisungen, Beleidigungen sind nur drei Worte, aber die haben es in sich. Es hormoniert prächtig, wenn diese Worte Bedeutung erlangen. Was passiert da gerade? Warum flippen unsere Kinder so mir nichts dir nichts aus und eine Minute später ist wieder alles gut und dann fangen sie wieder von vorne an …?

In der Pubertät kommt es zu einer vermehrten Hormonausschüttung, das Gefühlszentrum im Gehirn wird zu früh fertig, das Stirnhirn dagegen ist noch im Bau und kann die Emotionen nicht kontrollieren (s. Kapitel 3). Das führt zu Stimmungsschwankungen, mit der Folge zermürbender Diskussionen.

Für diejenigen, die schon mal ein Haus gebaut haben, ist das ohne Weiteres nachvollziehbar: Die Handwerker sind im Haus und machen, was sie wollen. Das eine Gewerk ist zu früh fertig und das andere zu spät und es ist ein einziges Chaos. Das ist die Realität, die wir auch mit unseren Kindern durchleben müssen.

Viel Leid und Ärger könnten sich die Eltern der aufmüpfigen Kinder ersparen – das glaubt der Pubertätsexperte Prof. Ralph Dawirs –, wenn sie sich klarmachten, wozu das Ganze gut ist: „Die Pubertät hat den Zweck, dass der Jugendliche sich emotional von den Eltern entkoppelt." Das sei ein zwingend notwendiger Schritt auf dem Weg zum Erwachsenwerden. Die Streitlust, die Risikofreude und die Abgrenzung von den „Alten", also das, was wir als so nervenaufreibend empfinden, war laut Dawirs in der Menschheitsgeschichte überlebensnotwendig. Vor eineinhalb Millionen Jahren war die Lebenserwartung von Eltern so kurz, dass ihre Kinder im Pubertätsalter auf sich allein gestellt waren. Heute ecken die Jugendlichen an, prallen auf Verbote und werden von ihren Eltern konfrontiert – die mit Mitte 30 oder 40 noch längst nicht abzutreten gedenken. Dawirs glaubt, die Eltern seien gut beraten, wenn sie dem biologischen Programm weitestgehend seinen Lauf lassen: „Zu Beginn der Pubertät verschwinden die Kinder in einem emotionalen Nebel", sagt der zweifache Vater. „Umso schöner ist es, wenn sie dann als Erwachsene wieder herauskommen."

Oft einfacher gesagt als getan, aber ein Versuch sollte es allemal wert sein. Wir sollten uns bewusst machen, dass jeder Streit für die Teenies schlicht ein Training ist, für die eigene Meinung einzustehen bzw. Kompromisse zu schließen. Die Tatsache, dass das Kind die Auseinandersetzung mit uns sucht, ist ein Vertrauensbeweis. Es fühlt sich unserer Liebe sicher. Wenn's mal zu arg kracht und scheppert, dann können wir versuchen, die Luft rauszulassen und uns zurückzuziehen. Nicht jede Meinungsverschiedenheit muss *sofort und unbedingt* ausdiskutiert werden. Eine Pause kann da helfen. Nur wegschicken sollten wir das Kind niemals, denn sonst – richtig – fühlt es sich zurückgewiesen. Es ist alles nicht so einfach und erfordert jede Menge Fingerspitzengefühl, ich weiß. Aber irgendwann ... ja, irgendwann zahlt es sich aus und dann ... na ja, warten wir's ab.

Manchmal liegen die Dinge auch ganz einfach. Die erste Frage an launische Pubertisten sei stets: „Hast du Hunger?" Hungrige Jugendliche sind so gefährlich wie Salzwasserkrokodile während einer Nulldiät, das sollte man nicht unterschätzen. Also fragen wir unser Kind, ob es ein Gnu fressen möchte. Und fragen freundlich auch noch ein zweites Mal nach.

Auch „einfach mal abwarten" hilft wirklich fast immer. Auch bei Türenknallen, Schmähungen wie „Ich hasse dich", „Du bist nicht mehr meine Mutter" und langgezogenem Aufheulen gepaart mit theatralischem Schluchzen und dem finalen „Am liebsten wäre ich tot".

Wir nehmen zunächst nüchtern zur Kenntnis, dass gerade was nicht stimmt, warten ein paar Minuten und versuchen danach herauszufinden, was los ist. Manchmal kriegt man keine Antwort, schlicht deswegen, weil die Jugendlichen gar nicht genau sagen können, was es war, dass sie explodieren ließ.

Danach hört man oft: „Sorry, Mama, dass ich ausgerastet bin, irgendwie ist heut nicht mein Tag." Und dann sollte man keinesfalls hysterisch aufjaulen wie bei einer Wurzelbehandlung ohne Betäubung und kreischen: „Heute? HEUTE ist nicht dein Tag?", sondern nüchtern erwidern: „Okay, vielleicht wird es ja morgen besser." (Und höchstens denken: „Wenn es morgen *nicht* besser wird, setze ich dich bei Ebay-Kleinanzeigen rein:

An Selbstabholer zu verschenken" – aber das sagen wir AUF GAR KEINEN FALL!)

Und schon gar nicht nehmen wir irgendwas persönlich. Das klingt einfach, ist aber unendlich schwierig. Unsere Kinder nabeln sich ab, das ist jetzt ihr Job, deswegen sind sie so. Das sollte man sich immer wieder klarmachen.

Unterwegs mit Zwerg Naseweis

Es gibt noch einen Punkt, der viele Eltern auf die Palme bringt: Der Jugendliche weiß plötzlich alles besser. In jeder möglichen und unmöglichen Situation wird alles, was die Eltern sagen, in Frage gestellt und mit den spitzfindigsten, sophistischen Argumenten ins Gegenteil verkehrt. Hier zwei Beispiele:

Mutter/Sohn (13)

„Jan, mach bitte deine Fußballschuhe sauber."

„Die werden eh wieder dreckig."

„Die sehen aus wie Sau, bitte mach sie sauber."

„Mama, echt, in der Zeit, in der ich die Schuhe saubermache, könnte ich für Mathe lernen. Und die Schuhe werden sowieso wieder dreckig."

„Darum geht es nicht, es geht ums Prinzip."

„Im Prinzip soll ich nicht Mathe lernen?"

„Es geht doch gar nicht um Mathe."

„Jetzt verdrehst du wieder alles."

Mutter/Tochter (12)

„Um acht, hab ich gesagt, Lara, ich will nicht, dass du unterwegs bist, wenn es dunkel ist."

„Hallo? Ich bin doch kein kleines Kind mehr.“

(Doch) „Trotzdem.“

„Wenn ich ‚trotzdem‘ sage, sagst du, ich bin bockig.“

„Hier geht es um deine Sicherheit. Also: acht Uhr.“

„Ich bin auch in Sicherheit, wenn ich um halb neun komme. Warum sagst du jetzt gleich wieder acht?“

„Weil das so ist. Sei nicht so bockig.“

„Na toll. Am bestens setzt du mich wieder ins Laufställchen!“ (JAAAAAAAAAAAAAA!)

„Keine Diskussion.“

„Die Tage werden jetzt wieder länger. Das heißt, ich könnte später kommen, da ist es ja noch hell. Das ist ja dann wie acht.“

„Ich hab acht gesagt.“

„Du hast aber auch gesagt, es ist dunkel.“

Und so weiter …

Warum ist das so? Jugendliche vor allem im Alter zwischen 11 und 14 Jahren ziehen aus dem Zusammensein mit Gleichaltrigen ihr Selbstwertgefühl. Man sieht sie an Bushaltestellen, auf Treppen oder in Fußgängerzonen, wo sie sich zusammenrotten und vor sich „hincornern“, was heißt: trinken, auf ihre Smartphones glotzen, gickeln, kreischen, gackern, schubsen und sich umarmen, der besten Freundin ewige Liebe schwören (Mädchen), ausprobieren, wie lange man den Kumpel im Schwitzkasten halten kann (Jungen), oder einfach nur cool wirken wollen und deswegen extrem gelangweilt und dabei so unglaubwürdig wie die Lombardis, wenn sie sagen, dass es bei allem nur um Alessio geht, in die Gegend gucken.

Natürlich wird bei diesem so megacoolen Abhängen auch und oft über die „nervigen Alten“ gelästert und alles unmöglich gefunden. Durch die gegenseitige Bestätigung in der Peergroup fühlen sich die Teenies stark. Anerkennung durch Freunde ist viel wichtiger als die der Eltern, denn die Pubertät ist – man kann es nicht oft genug erwähnen, es möge sich in unser Gehirn einbrennen – eine Zeit der Ablösung, des Umbruchs und der Neuorientierung. Die nach außen hin gern in der Öffentlichkeit oder in Anwesenheit von Gleichaltrigen demonstrierte Ablehnung, mit der Jugendliche in der Pubertät ihren Eltern begegnen, ist ein Zeichen der emotionalen Ablösung. Diese Ablösung ist nicht nur ganz normal, sondern sogar entwicklungsfördernd, daran sollten die Eltern immer denken, auch wenn es ihnen nicht immer leichtfällt. Die Zeit wird kommen, in der die Kinder wieder das Urteil der Eltern zu schätzen wissen. Ganz sicher.

Die Hoffnung stirbt ja bekanntlich zuletzt. Neben dem Hoffen, Vorausschauen und „Es wird irgendwann alles wieder normal" sollte man eins allerdings nicht vergessen: Es gibt auch den Punkt, an dem man Grenzen ziehen *muss*.

Eine Zuschauerin erzählte mir von ihrem Sohn: „Plötzlich war der in einer Phase, in der er richtig verletzend wurde und den Finger immer genau in meine Wunden gelegt und nochmal umgedreht hat. Zum Beispiel, weil ich als alleinerziehende Mutter arbeiten gehen muss und er nachmittags alleine zu Hause ist. Das war nie ein Problem, er kann mich jederzeit anrufen. Aber jetzt sagte er, ich sei eine schlechte Mutter und würde ihn vernachlässigen. Er weiß ganz genau, dass ich ein schlechtes Gewissen deswegen habe, und das finde ich nicht mehr in Ordnung.

Anfangs wandte ich mich beleidigt ab, aber das machte die Sache nicht besser. Also habe ich mir meinen Sohn geschnappt, bin mit ihm zu McDonald's gefahren, habe ihm meine Gefühle geschildert und ihn gefragt, warum er mich so behandelt. Es stellte sich raus, dass ich jedes Mal, bevor er so verletzend wurde, meinerseits eine Grenze nicht bemerkt hatte und zu weit gegangen war. Zum Beispiel hatte ich ihm Hilfe angeboten, die er nicht wollte, oder etwas für ihn getan, was gar nicht abgesprochen war, etwa ihn vom Fußballtraining abgeholt, obwohl er mit seinen Kumpels mit dem Rad heimfahren wollte, sodass es für sie – so dachte er – so aussah, als sei ich eine Glucke und er ein kleiner Junge. Er fühlte sich überfahren durch mein Verhalten und nicht ernst genommen. Seitdem achte ich mehr darauf, was ich tue und wie ich es tue – und ich habe versucht, ihm wirklich zuzuhören und sein Nein zu akzeptieren. Je mehr ich seine Grenzen achte, desto seltener wird das respektlose Verhalten. Es war ein langer Prozess, aber er hat sich gelohnt."

Die Alltagsweisheit, Dinge besser „erst mal sacken zu lassen", hat etwas für sich. So manches Konfliktpotenzial löst sich mehr oder weniger von selbst auf, wenn man nicht gleich seine Krallen ausfährt. Sich in einem „normalen" Moment einfach mal dazuzusetzen und den Pubertierenden zu fragen: „Kann es sein, dass du dich total von mir/uns genervt fühlst?", kann ebenfalls zielführend sein. Vielleicht stellt sich heraus, er oder sie hätte lediglich gern mehr Zeit für sich und möchte beispielsweise sonntags nicht zum Mittagessen aufstehen müssen (eine Zumutung sondergleichen).

Darüber lässt sich natürlich reden. Im besten Fall wird ein Handel draus:

„Okay, dann aber keine Essensreste und leere Müslischalen mehr in deinem Zimmer und die Schmutzwäsche wird nicht in die Ecke neben den Kleiderschrank gepfeffert, sondern kommt in den Wäschekorb."

Reden hilft meistens. Echt jetzt. Man muss die Worte dann nur noch in die Praxis umsetzen. Klingt einfach, erfordert aber in manchen Fällen Fingerspitzengefühl, denn auf Grenzverletzungen wie die Übertretung vereinbarter Regeln müssen Eltern reagieren. Dafür sind sie da. Wenn sie nicht reagieren, finden das Kinder nicht etwa gut, weil nix passiert, sondern im Gegenteil – ein Nichtreagieren der Eltern kommt als Gleichgültigkeit rüber. Eltern sind Eltern, letztendlich haben wir die Verantwortung.

Nur Freunde sollt ihr sein

Viele Eltern wollen „modern" sein und finden es „total gut", dass sie nicht so sehr die Erziehungsberechtigten, sondern vielmehr die „Freunde" ihrer Kinder sind. Man darf aber eines nicht vergessen: Die Kinder brauchen in dieser Phase ihrer Entwicklung keine erwachsenen Freunde, die sie saucoolerweise mit dem Vornamen anreden dürfen, sondern *Eltern.* Sie brauchen Grenzen, Gesetze und Vorgaben. Eltern, die in dieser Phase der Entwicklung partnerschaftlich oder wie Freunde agieren, bieten keine Reibungsfläche. Indem sie ihren

Kindern zu viele Freiräume und Entscheidungsfreiheiten gewähren, überfordern sie sie.

Übrigens sind meistens die Mütter die Hauptleidtragenden: Aufgrund ihrer zentralen Rolle bei der Erziehung sind sie sowohl für ihre Töchter als auch für ihre Söhne Hauptkonfliktpartner. Der Vater spielt eine Nebenrolle. Auch so etwas, das vor Millionen Jahren schon so gewesen ist: Papa geht jagen, Mama kocht und kümmert sich um die Kinder.

Es ist nicht zu leugnen: In der „klassischen" Familie ist Papa meistens das bessere Elternteil, weil Mama immer verbietet. (Jeder kennt die T-Shirts mit dem Aufdruck: *Wenn Mama nein sagt, geh ich zu Papa!*) Dass es zwischen den Eltern deswegen dann auch noch zum Streit kommt, ist ein weiterer fataler Nebeneffekt. Alles in allem keine wirklich leichte Zeit.

Wie schön, dass wir uns in Gedanken in die Vergangenheit beamen können. Hier sehen wir unsere eifrigen Vierjährigen mit uns in der Küche stehen, sie wollen unbedingt helfen: Spülmaschinen ausräumen, Waffelteige rühren, Kühlschränke auswischen. Dafür durften wir sie ungehemmt loben – kleine Kinder sind noch sehr auf Leistung ausgerichtet. Für sie steht das „Wir" im Vordergrund: Professor Dieter Braus, Direktor der Klinik und Poliklinik für Psychiatrie und Psychotherapie in Wiesbaden, erklärt: „Mit der Pubertät entwickelt sich dann beim Kind das ‚Ich'-Selbst, und dann geht's los mit ‚Ich will aber *nicht*'."

Das kann zermürbend sein und natürlich können wir uns stundenlang darüber aufregen – aber ändern wird es nichts. Das war schon immer so, das wird immer so sein und ich wiederhole mantramäßig: Nehmen Sie nichts persönlich, auch wenn das Kind grundsätzlich gar nicht mehr irgendwas will, und wenn, immer das Gegenteil von irgendwas. Egal was. Es wird erst mal übrigens von Jahr zu Jahr schlimmer. Das schweißt im besten Fall am Ende aber umso fester zusammen.

Die Bindung zwischen Eltern und heranwachsenden Jugendlichen ist vergleichbar mit einem Knoten im Schnürsenkel: Wenn der sehr fest ist, braucht man mehr Energie, um ihn zu lösen. Manch einer mag denken: Ich brauche Schuhe mit Klettverschluss!

Erziehung? Muss das sein?

Was die Erziehung betrifft, so sie denn halbwegs fruchten soll, tut man gut daran, sich auf die wirklich wichtigen Themen zu konzentrieren, und damit meine ich jetzt nicht die siebenhundertachtundvierzigste Erinnerung daran, die leeren Pfandflaschen doch bitte in die Küche zu bringen und die Schultasche für morgen zu packen und ich hab die T-Shirts doch gebügelt, warum ziehst du immer das unterste raus und knäulst den Rest zurück. Sondern Rauchen zum Beispiel Drogen. Alkohol. Ungeschützten Sex. Nicht per Anhalter fahren. Im Club darauf achten, dass einem niemand was ins Glas kippt. *Darüber* sollte man mit seinen Kindern sprechen und nicht über Banalitäten. Und versuchen Sie, die folgenden Sätze, die glaube ich jeder kennt, zu vermeiden:

1. Ich sag's jetzt zum letzten Mal.
2. Kannst du auch mal antworten, wenn ich dich was frage?

3. Ich sag's jetzt zum allerletzten Mal.
4. Das Bad gehört nicht dir allein.
5. Das Wochenende gehört der Familie, da kannst du auch mal zum Frühstück aufstehen.

„Räum dein Zimmer auf" habe ich bewusst ausgelassen, denn ich kenne keine, nicht *eine* Mutter, die es aushalten würde, es *nicht* zu sagen, also kann ich es mir sparen.

Wählen Sie bewusst Themen, an denen Ihre pubertierenden Kinder merken, dass sie wichtig für Sie und auch für Ihre Kinder sind. Das bietet Orientierung. Und Orientierung hilft beim Orientieren.

Und all das nur, mag sich jetzt die eine oder der andere fragen, weil so komische Hormone verrücktspielen? Ja, ist so. Die Östrogene bei den jungen Damen und das Testosteron bei den heranreifenden Herren toben sich so richtig aus.

An dieser Stelle unser Exkurs „Was Sie schon immer über Hormonumstellung wissen wollten, aber sich nicht zu fragen wagten (weil es brutal schwer zu verstehen ist)":

Wir haben es in Kapitel 1 bereits angerissen: Die Hormonumstellung beginnt mit dem **GnRH** (Gonadotropin-Releasing-Hormon), das in einem Bereich des Zwischenhirns – dem Hypothalamus – ausgeschüttet wird und die Produktion weiterer wichtiger Hormone anregt: **FSH** (follikelstimulierendes Hormon) und **LH** (Luteinisierendes Hormon). Klar, oder? Nicht? Verstehe. Und wer jetzt denkt: Nee, so wissenschaftlich will ich das gar nicht wissen, ich bin ja kein Arzt und kein Forscher und überhaupt, ich will mein Kind einfach nur nachvollziehbar begreifen und das halbwegs Richtige tun und ich will nicht allein damit sein … ist hier richtig!

Eigentlich ist die Entwicklung der Menschheit an allem Schuld. Nach dem Plan der Evolution sollten 16-jährige Menschen gar nicht mehr zu Hause bei ihren Eltern wohnen. Aus dem einfachen Grund, dass sie lernen mussten, alleine klarzukommen, weil ja die Eltern früher starben. Noch vor gar nicht allzu langer Zeit sind – nur ein Beispiel – junge Mädchen im Alter von ca. 15 Jahren vom Land in die Stadt gezogen, um dort sechzehn Stunden täglich als Hausmädchen zu arbeiten, um was zum Familieneinkommen beizutragen. Jeden zweiten Sonntag zwei Stunden Ausgang und davor in die Kirche. Ausschlafen war nicht. Und unter der Woche musste man um fünf aufstehen. Wenn man sich mal überlegt, dass diese Mädchen damals auch in der Pubertät waren und wie die gelitten haben müssen – nicht schön.

Man sollte meinen, dass es heute doch besser ist. Und wenigstens kann der Jugendliche – in den meisten Fällen – seine Persönlichkeit formen und die Eltern sollten ihm dabei helfen, indem sie Stabilität und emotionale Unterstützung bieten.

Noch dazu kommt: Heute dauern Schule und Ausbildung immer länger und das stürzt den Pubertierenden in einen Konflikt. Er will raus aus dem häuslichen Nest, aber ist noch nicht in der Lage, für sich selbst zu sorgen und von den Eltern abhängig. Man wohnt weiter unter einem Dach, was zu Reibereien führt. Dass das Kind sich zurückzieht, ist ganz normal. Die Eltern dürfen auch hier wieder hoffen: Denn Studien zeigen, dass Jugendliche, die sich besonders aktiv von den Eltern abgrenzen, später psychisch stabiler sind als andere. Jugendliche, die später instabil sind, hatten vielleicht überhaupt keinen Grund, sich abzugrenzen, da sie keine Bindung zu ihren

Eltern besaßen – denn wo es keine Bindung gibt, gibt es keinen Bedarf an Abgrenzung.

Im Klartext: „Lass mich in Ruhe!", „Das ist mein Zimmer, raus!", „Geht weg" und „Ich hab keinen Bock mehr auf euch!" sind ganz, ganz tolle Sätze, wenn wir die hören, können wir stolz sein!

Ein Freund von mir hat mir mal von seinem Vater erzählt, der immer nur gekuscht und Ja gesagt hat. Das lag wiederum an seinem übermächtigen Vater, der dominant war und ein Nein nie hat gelten lassen. Dann gab's was mit dem Rohrstock. Damals wurde die Pubertät im Keim erstickt, der Nachwuchs hatte zu funktionieren, so einfach war das.

Kein Wunder, dass der Sohn, der eigentlich eine brillante Karriere in der Bank hinlegen sollte (Wunsch des Vaters), das nicht geschafft hat. Er hat nie gelernt, sich richtig zu streiten, Konflikte auszutragen, Widerworte zu geben und er hat auch nie eine eigene Meinung entwickelt. Zeitlebens ist er auf der Stelle getreten. Glücklicherweise wusste er, woran es lag, und hat es bei seinem eigenen Sohn anders gemacht. Die beiden fetzen sich manchmal bis aufs Blut und der Opa, der daneben sitzt, glotzt fassungslos und fühlt sich wie in einem anderen Film.

Der Heranwachsende wächst im Streit, er lernt sich besser kennen. Dabei ist es aber wichtig, dass die Eltern ihren Prinzipien, zum Beispiel gemeinsam aufgestellte Familienregeln, treu bleiben, sich aber dennoch gesprächsbereit zeigen, immer im Kontakt bleiben, sich für das interessieren, was der Nachwuchs treibt, ihn aber nicht einengen. Ernst nehmen und Respekt zeigen. Ein Vertrauensvorschuss ist auch gut – trauen Sie ihm etwas zu und loben Sie, das wirkt

Wunder. Sollte doch mal eine Regel verletzt werden, dann geben Sie ihm immer wieder die Möglichkeit, dies ohne Gesichtsverlust zu korrigieren.

Apropos Regeln: Klare Regeln sind sehr wichtig, aber bitte nicht zu viele. Sie sollten auf die Einhaltung bestehen, ohne Wenn und Aber. Die Anzahl der Schlachtfelder sollte jedoch überschaubar bleiben, um sich nicht zu verzetteln.

Jungs werden Männer, Männer werden HB-Männchen

Das Allerwichtigste: Rasten Sie nicht aus, bleiben Sie bitte gelassen, zeigen Sie Souveränität und seien Sie der ruhige und überlegte Part, ohne besserwisserisch zu wirken. (An dieser Stelle wieder mein Lieblingssatz: Nehmen Sie nichts persönlich! Ihr Kind kann nicht anders, es nabelt sich gerade ab!)

Dann wird dem kleinen Giftzwerg bald die Lust auf Provokation vergehen.

Vergessen Sie bitte nicht, dass auch Sie mal ein Giftzwerg waren. Manchmal ist es ganz hilfreich, mal in alten Tagebüchern zu lesen oder mit Freundinnen und Freunden aus der Kindheit zu sprechen.

> Eine Freundin hat mir Folgendes aus ihrem Tagebuch vorgelesen: „Ich hasse Mama! Sie will mir nicht das Kleid aus der Mexiko-Boutique kaufen, das mit den Glöckchen, und Samtpantoletten darf ich auch nicht anziehen, weil ich Einlagen für meine Plattfüße brauche und die da nicht reinpassen. Das ist sooo gemein und asozial, das

hat die extra gemacht, dass ich so Füße kriege, und die Haare mit Henna färben so wie Andi darf ich auch nicht, das ist so fies. Dann hat Mama noch gesagt, ich solle bloß nicht so werden wie die Haschbrüder aus dem Jugendcafé. Ich hab zu Mama gesagt, sie ist bestimmt nicht meine richtige Mutter, eine richtige Mutter würde mich ja liebhaben, oder nicht? Außerdem habe ich zu ihr gesagt, sie ist eine alte Schachtel und total hässlich."

Wie furchtbar! Glücklicherweise haben Mutter und Tochter heute ein wunderbares Verhältnis! Letztens wollte die Tochter der Tochter ein Tattoo und weil ihre Mutter das nicht erlaubt hatte, war sie uralt und uncool. Und die Oma, die gerade da war, hat gelacht. So kann's gehen.

Gerade Mädels werden im Streit quasi gemeingefährlich. Das liegt am Cortisol. Ein gemeines Stresshormon, das sehr reizbar macht, und Mädels haben oft viel Cortisol in sich und deswegen – richtig! – sind sie äußerst reizbar. Merken Sie sich bitte: Wie unflätig Sie auch beschimpft werden, machen Sie sich nicht lächerlich mit so Gedanken wie „Auge um Auge". Nix sagen geht immer. Notfalls mit zusammengebissenen Zähnen sagen: „Ich muss kurz mal an die frische Luft."

Lassen Sie Ihre Tochter alleine mit ihrem Geheul und ihrer Theatralik, wenn Sie wieder reinkommen, ist sie höchstwahrscheinlich gar nicht mehr gemein, sondern wirft sich Ihnen an den Hals mit den Worten: „Niemand weiß, wie es in mir aussieht! Ich bin ein wandelndes Etwas, das nicht weiß, wohin mit sich selbst!"

Soviel dazu.

Hier noch ein paar allgemeine Tipps, wie man es nicht machen sollte:

1. Manche Oberpädagogen empfehlen im Streitfalle diese Anweisung: „Verlassen Sie den Raum mit den Worten: ‚Ich nehme deine Worte und denke darüber nach'." Ach. Und das soll man im Alltag umsetzen können? Wenn eine Politesse mich gerade aufschreibt und ich komme angerannt und rufe: „Halt, stopp! Ich habe nur kurz meine Tante zur medizinischen Fußpflege gebracht, sie hatte solche Schmerzen mit ihrem eingewachsenen Nagel und ich musste sieben Stockwerke zu Fuß rauf und runter, nur deswegen …" Können Sie sich eine Politesse vorstellen, die dann so reagiert: „Ich nehme Ihre Worte mit und denke darüber nach."
   Und so was soll man zu seinem pubertierenden Nachwuchs sagen? Eher nicht.
2. Auf gar keinen Fall spannen Sie bitte die Freunde Ihres Sohnes für Ihre Zwecke ein: „Ach hallo Max, dich hab ich ja lange nicht gesehen. Sag mal, Tom ist doch dein bester Freund. Kannst du nicht mal mit ihm reden und ihm sagen, dass er seine halbleeren Kakaogläser doch in die Küche bringen soll. Saure Milch stinkt doch."
   „Was? Der Tom trinkt Kakao?"
   Bäm. Ein Freund weniger. Ein Sohn weniger.
3. Wenn Sie Ihr Kind loben, achten Sie unbedingt auf die Situation. Auf einer Veranstaltung der Schule: Der 14-jährige Sohn hat gerade gerappt und gebeatboxt

und alle jubeln und finden ihn saucool, aber sowas von saucool, und die Mädels, wie die schauen, und Sie als Mutter gehen hin und sagen: „Ach, das hast du aber schön gemacht, Muckelchen, ich musste weinen so wie damals, als ich dir immer aus ‚König der Löwen' vorgelesen habe."

Nein, nein, nein. Bei aller Liebe, da kann ich verstehen, wenn das Kind ausrastet, egal ob Mädchen oder Junge, und Cortisol hin oder her.

Humor hilft übrigens auch und kann spannungsgeladene Situationen sinnvoll entkrampfen. Beschimpft der 11-jährige Sohn im Auto den Vordermann mit „Grüner wird's nicht, fahr doch, du Penner, du Schwachkopf!", sagt der Vater nicht etwa: „So was sagt man nicht", sondern lobt: „Bravo, Junge! Du nimmst mir die Worte aus dem Mund!"

Hallo, aufgewacht!

Kommen wir nun zu einem bei Eltern sehr beliebten Thema: Der Schlaf!

Als unsere Kinder klein waren, haben wir sie um halb acht ins Bett gebracht und nach einer Hörfolge von "Die Drei ???" haben sie meistens klaglos geschlafen. Mittlerweile ist alles anders.

Die wissenschaftliche Erklärung ist einfach: Teenies haben einen anderen Schlafrhythmus. Etwa ab dem 12. Lebensjahr verschiebt sich der Zeitpunkt, an dem der Körper abends das schlaffordernde Hormon Melatonin ausschüttet, und zwar um eine gute Stunde nach hinten. Der Nachwuchs wird später müde und kommt morgens nicht mehr raus aus dem Bett.

Ich erinnere mich gut an einen Kumpel aus Unizeiten – der Wecker klingelte um zehn Uhr, er hat ihn genommen und in die Ecke gefeuert – man kann sich nicht vorstellen, was das für ein Krach im Hörsaal war.

Sieben Uhr fühlt sich für die Melatonin-Geschädigten an wie fünf, und wenn sie dann aufstehen müssen, ist das für sie noch mitten in der Nacht – gerade die zweite Nachthälfte ist aber wichtig zur Aufnahme und Verarbeitung neuerworbenen Wissens. (Frisch gebackene Eltern erwerben demzufolge gar nichts mehr, nur mal so am Rande erwähnt …)

Praktisch gefragt: Wie kriege ich die kleinen Mistkäfer müde? Omas Rezept hilft: heiße Milch mit Honig – das haben wir alle schon mal gehört. Und es ist tatsächlich wahr. Aber warum eigentlich? Milch ist reich an Tryptophan. Die Aminosäure wird im Gehirn in das Schlafhormon Melatonin umgewandelt und fördert so das Einschlafen. Der Fruchtzucker im Honig beschleunigt den Prozess. Ungesalzene Nüsse können auch helfen. Eine Handvoll Cashewkerne zum Beispiel Die enthalten auch Tryptophan. Auch gut: Bewegung und frische Luft. Das dürfte am schwierigsten werden, denn wie wir alle wissen, hängen unsere Kinder ab einem bestimmten Alter am liebsten „ab“ und „chillen“.

Auf gar keinen Fall bitte nachts Monitore anlassen. Da wird blaues Licht abgesondert und diese Lichtstruktur macht uns wach. Und ich weiß, was viele Eltern jetzt denken: Ich lege meinem Sohn/meiner Tochter einfach morgens um sechs das angeschaltete iPad aufs Gesicht.

Teenager sind nun mal meistens Nachteulen. Viele Menschen schlafen bei Vollmond schlecht, sie aber probieren es gar nicht erst aus. Und haben dann logischerweise in der Schule hohes Schlafbedürfnis.

Der Schulbeginn ist für sie eindeutig zu früh. Werner Reimann ist Mediziner am Schlaflabor Zweibrücken und plädiert seit Jahren für einen späteren Schulbeginn, wie er in vielen südeuropäischen Ländern, aber auch in England oder Finnland schon praktiziert wird. Eben weil sich in der Pubertät die innere Uhr der Jugendlichen nach hinten verschiebt. Der Biorhythmus der 14- bis 21-Jährigen gehöre zu den spätesten in der ganzen Bevölkerung, erklärt er. Durch den frühen Schulbeginn erreichten sie die geforderten sieben Stunden Schlaf in den wenigsten Nächten. Übermüdete Schüler und schlechte Leistungen seien die Folge. Verstellen könne man diese Uhr im Übrigen nicht, es nütze also kaum etwas, die Kinder einfach früher ins Bett zu schicken.

Damit zur Kernfrage: Wie kriegt man sie wach?

1. Erklären Sie Ihrem Sprössling behutsam, Sie hätten bedauerlicherweise seinen iPod in die Spüle fallen lassen. Eine Sekunde später wird er hellwach durch die Küche hüpfen.
2. Lautstark abgespielte Musik von Nana Mouskouri oder den Wildecker Herzbuben ist einen Versuch wert. Die Fernbedienung für die Stereoanlage halten Sie natürlich unauffindbar hinter Ihrem Rücken.
3. Dem Kind mit einem Wassersprüher das Gesicht zunebeln und dann erschrocken sagen: „Das ist ja die Flasche mit dem Pflanzenschutzmittel, ich hoffe, es brennt nicht in den Augen.“

4. „Tim/Elisa/Felix, ich habe aus Versehen unter deinem Profil was bei Facebook gepostet. Ich wollte das eigentlich in meiner Müttergruppe schreiben und jetzt sind da schon ganz viele Kommentare. Dabei ging es nur um deinen Stuhlgang."

Nicht ganz ernst gemeint. Lieber sollten Sie es unterlassen, Ihr Kind wachmachen müssen zu wollen. Wer ständig ins Zimmer läuft und weckt und ruft und sagt und bittet, tut niemandem einen Gefallen und es wird nie besser werden, weil sich diese Fliegenpilze darauf verlassen, dass schon jemand zum Wecken erscheinen wird.

Die müssen selbst die Verantwortung übernehmen. Ein- bis zweimal Wecken ist okay und man kann auch mit dem Kind ausmachen, wie es geweckt werden will und das gilt dann auch! Danach sollte man die Dinge laufen lassen, auch wenn man besorgt denkt: „O Gott, wegen mir kommt sie/er zu spät zur Schule!"

Sind sie dann endlich mal aufgestanden, mürrisch, aggressiv und schweigend im Wechsel, ist jeder außer ihnen an allem Schuld. Wenn Hausaufgaben nicht gemacht sind, wenn versäumt wurde, ein neues Matheheft zu kaufen, wenn kein Schinken da ist, wenn das Rad nicht aufgepumpt, der Turnbeutel nicht aufzufinden ist, eine Hose falsch gewaschen wurde oder der Akku vom Handy leer ist. Manch ein Erziehungsberechtigter denkt um sieben Uhr morgens: „Meiner ist auch schon leer."

Oft hocken sie nur da am Küchentisch, motzen vor sich hin und die Welt erscheint ihnen als ein ungerechter Ort.

Tipp: Setzen Sie sich einfach hin, lassen den lieben Gott einen guten Mann sein, trinken Sie einen Kaffee und schalten Sie bei dem Genörgel und Gegifte einfach auf Durchzug. Jeder tickt anders, Sie doch auch und vielleicht braucht das Kind Gemotze oder Hektik morgens, um in die Gänge zu kommen. Für Fragen sind Sie erreichbar, ansonsten ist Mund halten angesagt.

Das ist der Biorhythmus, wo man mitmuss

Wenn Ihr Sohn oder Ihre Tochter in das gewisse Alter kommen, kennen wir sie ja auch schon ein bisschen und wissen, wie sie ungefähr ticken. Ob sie Morgenmuffel sind oder um sechs Uhr in der Früh schon vor Energie strotzen und wie Sprungfedern aus dem Bett hüpfen. Wenn die Kinder merken, dass sie morgens grundsätzlich übermüdet sind, müssen sie einfach selbst kapieren, dass sie das mit früherem Zubettgehen bekämpfen können.

Wenn es übrigens regelmäßig Streit wegen einer bestimmten Sache gibt, einfach mal nachfragen: „Wie hättest du es denn gern? Was brauchst du, damit wir uns morgens nicht an die Gurgel gehen?“ Ziel ist es, nicht schon frühmorgens Diskussionen zu führen. Man sollte sich seine Kräfte für den Tag einteilen, denn irgendwann kommt der Teenager ja auch wieder von der Schule nach Hause. Dreiviertel ihrer Nerven verlieren Eltern morgens zwischen viertel nach sieben und acht Uhr. Die meisten Urlaube werden gebucht, sobald die Teenager das Haus verlassen haben. Es soll Eltern geben, die wollten direkt zum Flughafen fahren.

Fragt man andere, ist es fast überall das Gleiche, man fühlt sich nicht alleine.

Eine Mutter berichtet: „Ich brauche selbst morgens mindestens drei Kaffee, bis ich ansprechbar bin. Darum fand ich das morgendliche Gegrunze nie so schlimm. Mein Sohn ist da wie ich, der mag so früh auch nicht zugetextet werden. Mittlerweile ist er 18 und kann sogar morgens einen zusammenhängenden Satz zustande bringen. Meinen Kindern habe ich geholfen, sich zu strukturieren, da ich das selbst brauche und mache. Abends die Klamotten für morgens zurechtlegen, Tasche packen usw. Morgens KEINE Diskussionen, nicht ansprechen und einfach für eventuelle Notfälle, also vergessene Sachen, verpassten Bus, Unterschriften oder so, in der Nähe bleiben. Ins Bett sind sie gegangen, wenn sie müde waren, das war individuell sehr verschieden!

Ab 14 durften sie selbst entscheiden. Da hatten sie auch ihren eigenen Fernseher. Ab 21 Uhr wussten sie, es ist Elternzeit. Außer, wir haben was gemeinsam geschaut, geredet, unternommen. Ich musste nie groß kontrollieren. Wenn sie morgens müde waren, mussten sie da selbst durch."

Beneidenswerte Einstellung: Die meisten Dinge regeln sich von alleine.

Wie auch die Schlafgewohnheiten. Wenn man festlegt: Viertel nach acht aufs Zimmer, ab neun Medien aus – das Handy abnehmen und in die Küche oder sonstwo hinlegen –, das klappt meistens. Dann hören sie noch ein bisschen CD und in den allermeisten Fällen schlafen sie um viertel nach neun von selbst ein – was an den langen Schultagen liegt. Manchmal bleiben die Kinder nämlich aus Trotz wach, weil man als Eltern schon diese Panik schiebt und nur noch von „Du musst jetzt ins Bett, morgen ist Schule“ redet.

Die Kinder holen sich schon ihren Schlaf. Erstmal leben die sowieso in einem Dauer-Jetlag und finden irgendwann zu einem normalen Rhythmus zurück, wenn man sie schlicht in Ruhe lässt. Wenn sie unter der Woche nicht genügend Schlaf bekommen – seien Sie ganz sicher –, den holen sie am Wochenende nach.

Mode und Hygiene wie am französischen Hofe

Im Körper unserer Kinder toben die Hormone – und unsere Kinder toben sich mit allem aus, was es gibt. Die Mädchen beginnen sich zu schminken, was in den allermeisten Fällen völlig danebengeht, es sei denn, sie wollten beim *Tatort* eine Leiche spielen. Das Make-up wird einen Zentimeter dick aufgetragen, dann kommt noch Puder drüber. Wäre das Mädel ein Smartphone, käme das WLAN-Signal nicht mehr durch. Ein Bekannter war mal bei uns im Bad, entdeckte die sage und schreibe 24 Lippenstifte unserer Tochter und fragte, ob wir die Maler im Haus hätten.

Sie probieren sich aus, tragen viel zu enge Shirts und zu kurze Röcke und man denkt nur noch: „Ich hatte mir einen anderen Berufszweig für meine Tochter gewünscht.“ Schon vor ein paar Jahren, als wir ihnen noch vorgelesen haben, fing es an. Beim „Gestiefelten Kater“ kam die Frage:

„Oh, von wem?“

„Gebrüder Grimm.“

„Nein, ich meine die Stiefel.“

„Äh … Gebrüder Zalando.“

Zalando ist überhaupt SEHR wichtig.

Aber bitte, liebe Eltern, lasst sie ausprobieren!

Früher hat unsere Tochter an unserem Rockzipfel gehangen, weil sie vorm Briefträger Angst hatte, heute, weil sie sich den Rock für die Party ausleihen will. Die Jeans haben Löcher und uns juckt es in den Fingern, sie zum Stopfen in die Änderungsschneiderei zu geben. Die Girls tragen bei minus drei Grad eine Netzstrumpfhose und beruhigen uns mit den Worten: „Es ist nicht zu kalt, Mama, es ist die warme.“

Manchmal möchte man verzweifeln. Auch beim Thema Hygiene. Man sollte meinen, dass jeder Mensch freiwillig unter die Dusche steigt – weit gefehlt. Viele Eltern beklagen sich darüber, dass ihre Kinder sich zwar von oben bis unten mit Deo und Parfüm einschmieren, aber ansonsten nicht so furchtbar viel von Körperhygiene halten. Und wenn die Eltern sie ins Bad geprügelt haben, klatschen sie sich gegenseitig ab und können ihre Neugierde nicht zügeln:

„Ist er im Bad? Komm, wir gehen gucken.“

„Au ja … ist er in der Dusche? Ist er das wirklich?“

„Der Duschvorhang verdeckt ihn …“

… und dann erinnert man sich wieder an die Geburt: „Ja, ich kann sein Köpfchen sehen! Achtung, gleich ist er draußen. Oh, wie süß! Und wie gut er duftet! Du hast doch nichts dagegen, wenn Papa dich auf die Waage stellt, er ist so stolz!“

Dass das Badezimmer danach bei jedem Besuch des armen Kindes verbarrikadiert wird wie ein Hochsicherheitstrakt, dürfte klar sein.

Was passiert eigentlich nach dem Duschen? Ziehen sie die dreckigen Klamotten wieder an! Da könnte man ausrasten, auch, wenn sie vergessen oder keine Lust haben, sich die Haare zu waschen. Dabei wird die Körperhygiene immer wichtiger, weil die steigende Hormonproduktion neben der körperlichen Entwicklung auch zu unschönen Nebenerscheinungen führt. Die Drüsen verändern sich, die Haut wird oft fettig, die Haare sind es eigentlich ständig, da weiß man schon gar nicht mehr, ob das Schuppen sind oder Streusalz, man schwitzt stärker – und stinkt schlicht und ergreifend.

Es ist in dieser Zeit wirklich wichtig, regelmäßig die Kleidung zu wechseln, zu duschen und die Haare zu waschen. Aber viele Kinder wollen nicht. Warum? Sie rebellieren auf diese Weise gegen die Veränderungen in und an ihrem Körper und natürlich standardmäßig gegen die Eltern, die sich verzweifelt fragen, ob ihre Sprösslinge nicht merken, wie sehr sie müffeln oder wie ungepflegt sie aussehen.

Es ist bei der Körperhygiene wichtig, im Blick zu behalten, was wir unseren Kindern und Jugendlichen zutrauen können. Sie brauchen dabei oft noch Unterstützung, obwohl sie die Eltern in der Pubertät viel lieber aus dem Bad verbannen und manchmal auch ungern über diese Themen sprechen. „Die meisten Menschen können sich erst mit 14 oder 15 Jahren automatisiert und ohne Kontrollnotwendigkeit die Zähne putzen und duschen“, so der Kinderpsychologe Michael Winterhoff. „Erst in diesem Alter wird die Körperhygiene komplett automatisch behandelt.“

Als Eltern sollten Sie zunächst auf das Erklären setzen, statt Körperhygiene anzuordnen. Mädchen und Jungen haben in der Pubertät viele offene Fragen zur Pflege, trauen sich aber nicht zu fragen. Auch lassen Eltern Wichtiges häufig unbewusst aus.

So sind Mädchen und Jungen vor allem dankbar für konkrete Tipps, die die Intimpflege betreffen. Bei Mädchen ist beispielsweise der Weißfluss ein Thema, das in der Aufklärung oft nicht angesprochen wird, aber zu tiefen Verunsicherungen führt. „Konkrete Informationen, zum Beispiel über luftdurchlässige Slipeinlagen, machen das Problem handhabbar“, so die Gynäkologin Dr. med. Christine Klapp, und führen dazu, dass die Mädchen diese Entwicklungen besser akzeptieren können.

Manche Mädchen und Jungen stellen ihre Fragen lieber einer Ärztin oder einem Arzt als ihrer eigenen Mutter oder ihrem eigenen Vater. Der erste Frauenarztbesuch oder ein Besuch beim Urologen könnten eine Möglichkeit sein, diese Fragen loszuwerden.

Bleiben Erklärungen auf Dauer wirkungslos, sollte gelten, was für die Pubertät im Allgemeinen gilt: Klare Absprachen treffen, zum Beispiel „immer nach dem Sport und sonntags“ wird geduscht. Auch die Konsequenzen müssen klar sein: Zum Beispiel darf ungeduscht nicht der Freund oder die Freundin besucht werden. Wichtig vor allem aber ist zweierlei: Machen Sie sich klar, dass Konflikte und Streit in Familien mit Pubertierenden an der Tagesordnung sind. Und das ist gut so! Rechnen Sie mit Grenzüberschreitungen, aber ignorieren Sie sie nicht, sondern reagieren Sie mit den angekündigten Konsequenzen.

Angeblich wahre Anekdote aus einem Outdoor-Bekleidungsgeschäft: Die Mutter eines Pubertierenden stöberte nach Rucksächen und bekam mit, dass ein Kunde neben ihr „etwas Wasserabweisendes" brauchte. Reflexartig entfuhr ihr: „Nehmen Sie meinen Sohn!"

Ja, es ist tragisch. Aber wer nicht duscht, mag seinen Körper nicht. Das ist in der Pubertät leider meistens so. Und was man nicht mag, das pflegt man nicht.

Bewahren Sie Ruhe. Es wird besser. Das hofft auch mein Freund Thorsten. Sein Sohn Daniel hat eine solche Dusch-Phobie, dass schon die ganze Klasse darunter leidet. Er nimmt noch nicht mal Deo. Wenn der Mathelehrer wissen will: „Was ist 8 mal 4", schreien alle: „Fragen Sie bloß nicht den Daniel!" Und natürlich haben alle gelacht, als Daniel auf die Frage eines Lehrers, ob er seine Hausaufgaben gemacht habe, antwortete: „Nee, hab ich verschwitzt."

„Ich habe die Befürchtung", schwant Thorsten, „wenn es so weitergeht und Daniel ein eigenes Auto will, wird er fragen, ob wir was dazu geben." „Und?", fragte ich neugierig. „Gebt ihr?" „Ja", meinte Thorsten. „Fünfzig Duft-Tännchen."

Benedikt, der Sohn eines anderen Freundes, drehte im Bad einfach so die Dusche an, damit die Eltern denken, er hält sich an die Vereinbarung und duscht. Es war schon so schlimm, dass die armen Eltern – nicht nur die von Benedikt – auf dem Elternabend auf die Frage der Lehrerin, an welchem Ort die Kinder denn noch nie gewesen seien, gruppendynamisch mit „In der Dusche" geantwortet haben.

Einige sind auch sehr konsequent. Alexander zum Beispiel ist bei der Freiwilligen Feuerwehr, aber daheim lässt er kein Wasser an sich ran. Richtig so. Man soll sich ja keine Arbeit mit nach Hause nehmen.

Das Problem ist: Man kann sich den Mund fusselig reden, klick machen muss es beim Teenager selbst. Wird es auch. Spätestens nach dem ersten Verliebtsein.

Wenn wir „Sarah/Moritz kommt heute zu mir" hören, ist es meist soweit. Plötzlich finden sie mithilfe von Google Maps das Bad und das ist dann für Stunden besetzt, der Wasserverbrauch schnellt derart immens in die Höhe, dass man annehmen könnte, die Kinder machen ihr Seepferdchen auf dem zweiten Bildungsweg.

Und wer sich fragt, was das für Männer sind, die im Main oder Rhein herumschwimmen – nein, die sind nicht verrückt und es ist auch kein Ironman-Training, das sind einfach nur entnervte Väter, die nicht ins Bad kommen.

Manchmal wird's auch ganz schräg: Da verbringen die Kinder vier Stunden im Bad, kommen raus und sagen: Ach, ich wollte ja duschen. Nochmal zurück. Verpeilt sind sie auch. Aber dazu kommen wir später.

Reden ist Silber, Schweigen ist Atemgold

Es gibt eben nichts in dieser Zeit, was es nicht gibt. Nicht alles ist schön und manches ist überhaupt nicht schön. Neben den unangenehmen Körperausdünstungen kommen leider auch noch Ausdünstungen aus dem Mund, im Volksmund schlicht Mundgeruch genannt.

> Ein Vater klagt an: „So böse das jetzt auch klingen mag und ich jetzt vermutlich Schelte bekomme, aber ich habe es bei meinem 16-Jährigen aufgegeben. Ich habe geschimpft und erinnert und erklärt bis zum Gehtnichtmehr, aber jetzt mag ich nicht mehr.
>
> Manchmal sag ich ihm, dass ich es eklig finde, wenn wir nah beieinander sitzen und reden. Dass er extremen Mundgeruch hat. Aber das stört ihn nicht."

Das ist ja das Problem. Die Teenies riechen sich offenbar selbst nicht oder es ist ihnen egal oder sie merken es und finden es sogar normal, weil sie ja ihren Körper sowieso schrecklich finden. Mehr als drauf hinweisen können wir sie nicht. Anders geht es in dem Alter leider nicht mehr. Aber was wir tun können, sollten wir tun.

Dass sie sich nicht die Haare waschen, mag ja noch angehen, das zieht keine bleibenden Schäden nach sich, aber mit den Zähnen ist das eine andere Sache. Wir sollten ihnen mit Nachdruck sagen, dass sie zwar jetzt noch keine Probleme mit den Zähnen haben, aber dass sie früher oder später richtig schlimme Probleme und Schmerzen bekommen werden, wenn sie nicht regelmäßig die Zähne putzen.

Erklären Sie ihnen, dass Sie genauso wenig Bock haben, sich jeden Tag die doofen Zähne zu putzen, aber dass Sie da leider durch müssen. Man kann ihnen nur erklären, wie wichtig es ist und dass die Zähne im Idealfall ein Leben lang halten sollten. Sagen Sie auch, dass Sie deswegen eigentlich nicht jedes Mal schimpfen oder ermahnen mögen. Dass Sie das künftig auch nicht mehr tun werden und Sie sich freuten, wenn sie selbst auf sich und ihre Gesundheit achteten.

Sobald Kinder tatsächlich ihr erstes Loch im Zahn haben und der Zahnarzt bohren muss, werden sie es verstanden haben. Auf gar keinen Fall sollten wir uns die Nerven ruinieren. Danebenstehen geht ab einem gewissen Alter auch nicht mehr. Ein Kompromiss wäre, alles etwas lockerer zu sehen und lediglich auf das abendliche Putzen zu bestehen. Das ist nämlich am wichtigsten. Und übrigens: falls eine kieferorthopädische Behandlung notwendig sein sollte, ist die Mundhygiene besonders wichtig.

Bei vielen Kindern hilft es auch, dezent auf den Mundgeruch hinzuweisen. Na ja, spätestens wenn die erste Freundin oder der erste Freund ins Leben tritt, dürfte sich das Problem von alleine lösen. Genauso wie das Duschproblem.

Was Sie schon immer über Sex wussten, aber bisher nicht weiterzugeben wagten

Das Gespräch über Körperpflege und Hygiene kann auch eine gute Möglichkeit sein, mit Ihrem Kind über Sexualität zu sprechen. Zu Sex gehört die Aufklärung und wenn Sie bis jetzt damit gewartet haben, ist es ein bisschen spät. Aber mit ein wenig Glück haben Sie noch die Chance, ein paar wichtige Weisheiten loszuwerden.

Blockt Ihr Kind das Gespräch aber ab oder ist es ihm unangenehm, können Sie auch Literatur kaufen oder auf Internetseiten verweisen, die sich mit dem Thema befassen. Jugendgerechte Tipps zu Körperpflege und Sexualität bietet zum Beispiel die Bundeszentrale für gesundheitliche Aufklärung (BzgA) auf der Seite www.loveline.de.

Aufklärung heißt übrigens nicht, dass man sich mehrfach mit seinem Nachwuchs mit ernstem Gesicht an einen Tisch setzt und sagt: „Jetzt, wo du erwachsen wirst, müssen wir mal über etwas reden ..."

Nein. Setzen Sie sich einmal, wirklich nur einmal, mit dem Kind hin und teilen Sie ihm mit, was Ihnen zum Thema Sex und Liebe wichtig ist. Und das sollte vorbereitet werden. Überlegen Sie sich genau, was Sie sagen wollen, und formulieren Sie sich gern auch Sätze vor. Weniger ist auch hier mehr und es nutzt nichts, um irgendwas herumzureden – da verzettelt man sich nur.

Ihr Kind wird Ihnen mit versteinerter Miene peinlich berührt gegenübersitzen, aber drei bis vier Sätze werden zu ihm durchdringen. Und die sollten sitzen. Denn bald ein wird neuer Mensch in ihr Leben treten: der erste Freund oder die erste Freundin von Tochter oder Sohn.

Natürlich wissen wir, die alten Leute, dass die erste große Liebe in den allerwenigsten Fällen auch die letzte sein wird, aber: Wir sollten sie unbedingt ernst nehmen. Sind unsere Kinder verknallt, ist das sofort die größte Liebe des Lebens. Und so kommen und gehen die größten Lieben und jedes Mal sind sie sicher, dass sie es nie, aber auch niiiiiie, niiiiiieeemaaaaals, überleben werden. Die Verzweiflung ist echt und die Eltern dürfen jetzt auf keinen Fall den Kopf schütteln und drüber lächeln oder gar lachen.

Nein. Zuhören ist angesagt. Wenn das Kind es will.

Ich weiß noch genau, welchen Kummer ich hatte, als Biggi mich verlassen hat. Damals kam mein Vater in mein Zimmer und hatte eine Whiskyflasche dabei. Er sagte: „Ausnahmesituationen erfordern Ausnahmemaßnahmen!“ Ich kam mir damals supererwachsen vor und fand das klasse. Ich weiß auch noch, dass mein Vater sagte: „Wenn eine Beziehung zu Ende geht, sind immer zwei dran schuld: deine Freundin und ihre Mutter!“

Wer übrigens glaubt, dass unsere Kinder mit ihren ersten Lieben sofort in die Kiste springen – weit gefehlt. Die lassen sich mehr Zeit als früher. 2005 hatten 73 Prozent der 17-jährigen Mädels bereits erste sexuelle Kontakte, 2015 waren es 65 Prozent. Und Treue ist auch extrem wichtig. 80 Prozent der jungen Frauen und 67 Prozent der Männer bestehen auf Treue und verhalten sich insgesamt umsichtiger und vorsichtiger. Sie wollen vertraut sein mit demjenigen, der mit ihnen den allerersten Sex hat.

Die Aufklärung in den Schulen hat sich ebenfalls verändert. Ich erinnere mich noch an verstohlenes Tuscheln und einen Diaprojektor, der merkwürde Fotos an die Wand warf. Der Lehrer las aus einem Buch mit Zeichnungen von Brüsten und Penissen vor. Heute lässt er einen Holzpenis durch die Reihen gehen, damit die Schüler üben können, ein Kondom drüberzuziehen, und hat das auch mal auf einem Elternabend vorgeführt. Eine Mutter rief übereifrig: „Ich würde drei nehmen.“ Eine andere, eine von denen, die Elternabende immer in die Länge zieht, fragte: „Ist das Holz auch aus der Region?“

Ja, ja, die Mütter. Die tun sich schwer mit dem Loslassen. Sie suchen tausend Gründe, um ins Zimmer der Tochter platzen zu können, wenn der erste Freund da ist:

„Wollt ihr Apfelsaft, Tee, Kuchen, Plätzchen, heiße Suppe oder einen Kakao, hahaha, und hier ist ein Kondom für den Nesquickie.

„MAMAAAAA! RAUUUS!"

Ich kenne eine Mutter, die hat das alte Babyphone im Zimmer ihrer Tochter versteckt und heimlich mitgehört. Irgendwann hat sie es ausgeschaltet.

Bitte machen Sie auch nicht den Fehler, Ihr Kind ständig zu fragen, ob es denn nun schon Sex hatte. Sie werden das früh genug mitkriegen. Hinweis: Solange das Einlochen des Strohhalms in die Capri Sonne noch nicht klappt, können Sie erst mal beruhigt sein.

Und wenn es passiert, dann passiert es eben, denn es passiert sowieso (alles andere wäre auch sehr ungesund). Beim einen früher, bei der anderen später. Die einen fangen mit 14 Jahren an, die anderen mit 16. Wenn man Verbote aufstellt, heimst man sich nur Heimlichkeit ein und das ist nicht schön. Davon abgesehen: Wenn wir es verbieten, machen Sie es eben anderswo. Die sind ja nicht blöd.

Seien Sie froh, wenn Sie das Vertrauen Ihres Kindes haben, das ist mehr wert, als eine zweifelhafte Kontrolle auszuüben.

Hotel Mama, jetzt mit Doppelzimmer

Wenn die Frage aufkommt, ob der Freund/die Freundin bei Ihnen übernachten darf – warum nicht? Die

Tochter/der Sohn ist aufgeklärt und soll entscheiden, wann sie/er wofür bereit ist.

Diese ersten Lieben und den ersten Sex werden unsere Kinder nie vergessen und daher sollten wir alles dafür tun, dass sie es in schöner, positiver Erinnerung behalten. Und ist es nicht ein gutes Gefühl, wenn man zu sich selbst sagen kann: Ich habe das meine dazu beigetragen und das mit der Aufklärung hoffentlich richtig gemacht? Wenn die Kinder danach immer noch vertrauensvoll zu uns kommen, dürfen wir uns selbst gern mal auf die Schulter klopfen.

Was aber ist, wenn wir Freund oder Freundin von Sohn oder Tochter nicht so mögen: Am besten, man verhält sich hier so neutral wie möglich. Denn je mehr das Kind merkt, dass wir den oder die nicht mögen, desto mehr wird gekämpft und sich gerechtfertigt. Man kann natürlich seine Bedenken so wertfrei wie möglich äußern (zum Beispiel wenn geraucht wird und man davor warnen möchte, auch zu rauchen) – aber die Erfahrungen müssen sie selber machen. Also lächeln wir und denken uns unseren Teil. Einschreiten sollten wir erst, wenn wirklich ein megaschlechter Einfluss ausgeübt wird. Das merken unsere Kinder meistens recht schnell selbst. Wir sollten sie da nicht unterschätzen.

> Eine Bekannte berichtete zu dem Thema: „Schwierig, wenn ich den Freund meiner Tochter nicht leiden kann. Fiele mir auf, dass er meine Tochter nicht gut behandelt, würde ich einschreiten. Aber je mehr Gegenwehr, desto interessanter wird er. Ihre Erfahrungen muss sie schließlich

selbst machen. Für meinen Mann kann ich da allerdings nicht sprechen – der ist, wie du weißt, Bestatter."

In dem Fall sollten sich jugendliche Verehrer besser besondere Mühe geben. Für uns Menschen mit gewöhnlichen Berufen gilt: Wir schauen uns das Liebesleben unserer Kinder erst mal entspannt an. Und sind immer für sie da, wenn's doch schiefgeht.

3. KAPITEL

Chill dein Gehirn

Was ist denn da oben schon wieder los? Geht's auch ein bisschen leiser?

Zum Auftakt dieses Kapitels servieren wir Ihnen ein paar fantastische Antworten auf ganz normale Fragen:

1. „Kommst du zum Essen?"
   „Da bin ich, soll ich den Tisch decken? Und dann könnte ich eigentlich auch abwaschen, staubsaugen, die Fenster putzen und du legst dich mal hin."
2. „Kannst du jetzt bitte endlich deine …"
   „… Hausaufgaben machen? Meine liebe Mama, die mach ich doch immer gleich, klar, alles erledigt."
3. „Musst du nicht los zum Training?"
   „Oh, danke! Ich dachte, es sei noch nicht so spät. Soll ich den Müll mit runternehmen?"
4. „Papa und ich möchten, dass wir wenigstens am Wochenende zusammen mittagessen."
   „Na klar, das ist wohl selbstverständlich. Danach könnten wir einen langen Spaziergang machen, im Herbstlaub tollen und Kastanien sammeln und Papa erzählt mir, wie es in seiner Jugend war, das ist immer so interessant und man lernt so viel über die gute alte Zeit und wie wichtig es ist, an der frischen Luft zu sein. Eine tolle Idee. Du bist die Beste!"

5. „Geh doch mal früher ins Bett."
„Ja, Mama, du hast Recht. Ich brauche ja meinen Schlaf dringend, weil ich im Wachstum bin, und morgen bin ich dann richtig fit und hole vor sieben Uhr Brötchen, dann habe ich auch gleich Bewegung. Danke, dass du dich so um mich sorgst."

Antworten, die sich Eltern in dieser Zeit von ihren vermeintlich hirnlosen Kindern wünschen! Aber so verläuft die Pubertät nicht, denn das Gehirn funkt dazwischen.

Ein merkwürdiges Organ, dieses Gehirn. Es lässt uns froh und traurig sein, nach Dingen greifen, aufstehen, gehen, lachen und so weiter und so fort. Das macht es einfach so, ohne großes Tamtam. Ein Herz schlägt, das kann man spüren, aber das Gehirn wabert einfach so im Kopf herum und wird nicht wirklich beachtet. Noch nicht mal, wenn wir Kopfschmerzen haben, denken wir ans Gehirn, höchstens mal, wenn wir irgendwo dagegensemmeln und jemand sagt: „Ach je, hoffentlich hast du keine Gehirnerschütterung". Gehirn. Richtig, da war ja noch was.

Nicht nett von uns, diese Missachtung. Auf unseren Blutdruck achten wir, das Gehirn jedoch ist für uns selbstverständlich präsent, so wie jahrzehntelang Helmut Kohl, „Atomkraft – nein danke!"-Aufkleber und leider immer noch „Last Christmas" von Wham.

Kriechtempo auf der Baustelle

Und natürlich ist das Gehirn auch für vieles, was in der Pubertät passiert, verantwortlich.

Es wächst mit dem Menschen und ist eine Baustelle, und zwar eine Dauerbaustelle. Manchmal geht es schrittweise voran, dann kommt der Verkehr vollständig zum Erliegen und dann kann man mal in den vierten Gang schalten, aber nur kurz.

Früher waren Wissenschaftler der Meinung, nach zwölf Jahren sei das Gehirn sozusagen erwachsen. Man nennt diese Annahme – und hier hinkt der Vergleich nicht! – das Berliner Flughafen-Symptom. Heute weiß man, dass nichts nach zwölf Jahren zu Ende ist. Denn ab hier fängt die Arbeit erst richtig an – wie beim BER, an dem werkeln sie seit 2006 herum.

Beim Gehirn verhält es sich wie mit allen anderen Organen auch: Es kommt als Bausatz auf die Welt, nicht als Fertigmodell. Es wäre ja auch langweilig, wenn die Menschen alle gleich wären. Angenommen, alle würden sich gut verstehen – viele Berufszweige wären überflüssig. Keiner bräuchte mehr Paartherapeuten oder Mediatoren, weil die Brombeerhecke vom Herrn Müller zu weit in meinen Garten wächst.

Das Gehirn also hat jede Menge Arbeit vor sich. Im Mutterleib werden grundlegende Strukturen und Verknüpfungen angelegt und später – im Lauf des Lebens – werden diese mit Inhalten und Querverbindungen gefüllt, vergleichbar mit einem Schwamm, der sich mit immer mehr vollsaugt, leider auch mit Quatsch und Kram, den wir lieber vergessen würden, und der uns in den unpassendsten Momenten einfällt.

Oder das Gegenteil tritt ein: Wir wissen, dass wir wissen müssten, dass … aber es fällt uns ums Verrecken nicht ein. Jeder kennt das.

Das Gehirn arbeitet also ständig und ist in den meisten Fällen recht ehrgeizig, will also erwachsen werden. Aber das dauert. Der US-Hirnforscher Jay Giedd vom National Institute of Mental Health bei Washington kam anhand von Computertomografie-Aufnahmen zu dem Ergebnis, dass die Entwicklung des Gehirns erst zwischen dem 25. und dem 30. Lebensjahr abgeschlossen ist.

Insbesondere eine Region, die für strategisches Denken verantwortlich ist, reift extrem langsam, nämlich der präfrontale Cortex. Die Hirnregion, die plant, vorausschauend handelt, abwägt und die Impulse kontrolliert, tritt ihre Managementfunktion im Gehirn deutlich später an als bisher angenommen, so Giedd.

Zwar habe das Gehirn mit dem sechsten Lebensjahr 95 Prozent der Größe eines Erwachsenengehirns erreicht und lege den Trugschluss nahe: 95 Prozent, das sind doch fast 100 Prozent, was können denn diese läppischen 5 Prozent ausmachen? Die machen jede Menge aus.

Denn es finden täglich Umbauprozesse statt, die die Netzwerkstrukturen im Kopf festlegen, sagt Giedd, der mit seinen Kollegen entschlüsselt, weshalb Pubertierende sich selbst und ihrer Umgebung so häufig Probleme bereiten. Dabei erarbeiten sie eine neue Gebrauchsanleitung für die Teenager-Gehirne: Wie Eltern ihrem Nachwuchs helfen können, möglichst unbeschadet durch diese doch recht schwierige Phase zu gelangen.

In diesen täglichen Umbauprozessen spielt übrigens eine entscheidende Rolle, womit sich der Jugendliche beschäftigt – viel benutzte Nervenverbindungen werden verstärkt und weniger benutzte sterben schlicht ab. Im Klartext: Es geht ans Eingemachte. Und was passiert da? Giedd hat in 3D-Bildern vom kindlichen und jugendlichen Gehirn Bausteine nachgewiesen, die einen erstaunen lassen – als erster konnte er zeigen, dass die graue Substanz, also die sogenannten „grauen Zellen“, die die Nervenzellen der Großhirnrinde bilden, einmal unmittelbar nach dem Kleinkindalter und ein zweites Mal in den Jahren vor der Pubertät einen immensen Wachstumsschub erleben.

Aber dann, zu Beginn der Pubertät, sterben Milliarden dieser gerade erst neu gebildeten Nervenzellen wieder ab. Visuell mit einem Rosenstrauch vergleichbar. Die alten Triebe werden abgeschnitten, damit neue sprießen können. Aber zunächst sind sie weg und nur ein „Best of“ bleibt bestehen. Zum Glück ist neuer Nährboden da, auf dem aufgebaut werden kann. Aber erst mal ist alles verschwunden. Das sind 30.000 Hirnzellen. Pro Sekunde. Trillionen von neuronalen Verbindungen (Synapsen) verschwinden, denn im luftleeren Raum benötigt man keine Rolltreppen, erst recht nicht in einem Flughafen, der noch nicht fertig ist.

Quasi wird alles auf Werkseinstellung zurückgesetzt. Deswegen werden wir, die Eltern, in dieser Zeit auf eine harte Probe gestellt. Denn unser Nachwuchs, den wir bislang für halbwegs intelligent erachtet haben, demonstriert uns, dass offenbar nix davon übrig geblieben ist.

Vielen Dank für Ihr Verständnis!

Die Jugendlichen machen den Eindruck, als hätten sie alles verlernt. Einfach alles, alles, alles. Auch wenn die Annahme naheliegt, dass wir ab nun hirnlose Schwachköpfe zu Hause hocken haben – der Eindruck trügt. Denn lebenswichtige Verbindungen und Nervenzellen werden beibehalten, das schon. Es sind nur – und hier höre ich das Aufstöhnen der Leserschaft – leider nicht die, die fürs Zimmeraufräumen, für schulisches Lernen oder Liebenswürdigkeit gegenüber den Eltern verantwortlich sind.

Vergleichbar ist das mit einer Zwangsräumung, bei der der Gerichtsvollzieher nicht zimperlich vorgeht. Und nun? Da hockt er, der Jugendliche. Ein bisschen desorientiert und null organisiert. Glücklicherweise wird die Schaltzentrale nach einer Weile neu aufgebaut und mit Software-Update wieder auf die Menschheit losgelassen. Die gute Nachricht: Der Umbau hat sich gelohnt. Dreitausendfach leistungsstärker ist das Gehirn des Jugendlichen nun.

Man fragt sich, weshalb das ganze Brimbamborium, wieso nicht gleich so? Nun, wenn's einfach wäre, das weiß man doch, würd's Fußball heißen.

Nie wieder im Leben ist das Gehirn so formbar wie in den Jahren der Pubertät. Wenn sich unsere Kinder in dieser Zeit merkwürdig verhalten, ist das simpel erklärt: Sie stecken mitten in ihrer ersten echten, realen Lebenskrise – noch dazu völlig planlos. Sie können nichts dagegen tun, es geschieht ohne ihr Zutun. Und, wir müssen uns das immer und immer wieder einbläuen: Die können nix dafür. Die finden das selbst nicht so prickelnd.

Ein Gutes hat das Ganze und das sollte man sich eventuell aufschreiben: Jetzt, in dieser Zeit, ist entscheidend, ob ein Jugendlicher Sport treibt, ein Instrument spielt, Goethe liest und sich mit physikalischem Tun und akademischem Denken beschäftigt – oder ob er einfach nur bräsig rumhockt, daddelt und Ego-Shooter-Games als den Sinn seines Lebens ansieht, so der Hirnforscher Jay Giedd: „Besonders wichtig für die

Teenager-Entwicklung ist freie Zeit, in der sie ihre eigenen Erfahrungen machen können, abseits der Kontrolle durch Erwachsene."

Wer also jetzt ein Hobby hat, das ihm Spaß macht, der wird es behalten. Was ihm früher, vor der Pubertät Spaß gemacht hat, wird vergessen (ist auch besser so, man will ja als Erwachsener nicht noch mit seinem Teddy oder der Barbie spielen). Und ein bisschen steuern können wir Eltern das auch, also in die richtige Richtung. Das Kind muss es ja nicht merken ...

Das dazu.

Das Chaos der Pubertät bleibt leider dennoch unumgänglich. Ich habe mal ein Gespräch in der Bahn mitbekommen: Zwei Mütter unterhielten sich über ihre Kinder. Die eine sagte, sie habe zwei Töchter, vierzehn und fünfzehn und sie selbst fühle sich wie Anfang neunzig und habe mit dem Gedanken an Auswanderung gespielt. Einfach so. Ohne Anhang natürlich. Ihre Töchter machten sie mürbe.

> „Sie sind nur am Fordern und wenn sie was nicht bekommen, fängt das Gekreische mit diesen schrillen Stimmen an. Am schlimmsten ist es, wenn sie Freundinnen zu Besuch haben. Ich bekomme regelmäßig Ohrensausen, wenn die alle in der Küche sind und durcheinander schreien. Und sie können ja nicht stillstehen, dauernd das Gezappel und sie kreischen auf einen ein. Ich komme mir vor wie ein Stück Brot auf dem Markusplatz in Venedig, umringt von lauter aggressiven Tauben. Ich kann bald nicht mehr."

Die andere Mutter – es stellte sich heraus, dass ihre Kinder sechs und acht waren, wusste nicht, wovon die Rede war: „Also, ich bin die beste Freundin meiner Kinder, meine werden garantiert nicht so wie deine, ich halte das für eine Frage der richtigen Erziehung. Ich freue mich schon darauf, wenn meine beiden älter werden, wir werden gemeinsam shoppen gehen und lange Gespräche führen und ... was ist?"

Die erste Frau begann kreischend zu lachen und erinnerte mich irgendwie selbst an eine aggressive Taube. Ja, ja, mit acht sind es noch Kinder. Und noch keine Monster. Da hat man noch Träume. Da hält das Gehirn noch Ruhe.

Vier Jahre später macht es, was es will. Zwei zentrale Orte sind beim Umbau von Bedeutung: Stamm- und Frontalhirn. Das Stammhirn (limbisches System) ist für die Verarbeitung von Emotionen und für das Triebverhalten verantwortlich (übrigens der älteste Teil des Gehirns). Man vermutet außerdem, dass sich hier der Intellekt versteckt. Ja, versteckt. Das könnte eine Erklärung dafür sein, wieso viele Jugendliche während der Pubertät zu irren Zombies werden (wie einige Eltern finden).

Die Reparatur dieses Systems dauert ein Weilchen und wenn Sie jetzt sagen, ach ein Weilchen, wie gut, Hauptsache, nicht sooo lang, Achtung: Es ist normalerweise zwischen dem 20. und dem 25. Lebensjahr wieder normal nutzbar.

Vielleicht möchten Sie Ihr Kind an Durchreisende verschenken oder versuchen, den 16-Jährigen in eine

Babyklappe zu stopfen, aber nicht aufregen, es bringt Sie nicht weiter.

Die Erneuerung des limbischen Systems macht sich bemerkbar an den zum Teil sehr heftigen emotionalen Überreaktionen von Teenies. Wo normale Menschen einfach nur „Ach“ sagen, ist der Teenager außer sich. Ein Nachbar erzählte mir, er sei mit seinem Sohn ins Kino gegangen. In einen 3D-Film. Er hatte also diese Brille auf und brüllte: „Diese Farben! Diese Effekte!“ Ist ja der Hammer! VOLL KRASS, MAAAAANN!“ Worauf der Vater einwarf: „Benedikt, wir stehen noch im Parkhaus.“

Zeigen Sie mal Ihren Lappen, bitte

Die zweite Zentrale ist das Frontalhirn, auch Frontallappen genannt; dieser Part ist für die Vernunft und für das logische Denken zuständig. Gehen wir auf den Vergleich mit dem Berliner Flughafen zurück: Der Frontallappen ist die Kommandozentrale, quasi der Tower. Risikoabwägung, Impulssteuerung und abstraktes Denken werden hier koordiniert. Durch das Frontalhirn ist der Mensch in der Lage, planvoll zu handeln und die Folgen seines Handelns im Vorfeld abzuschätzen.

Kriegt einer den Führerschein abgenommen, sagt man ja auch: Der Lappen ist weg. Möglicherweise hätte der Fahrer die Folgen seines Handelns im Vorfeld mal abschätzen sollen. Eine schöne Eselsbrücke, hilfreich beim Idiotentest.

Das Problem an diesen Bauarbeiten ist, dass sie von hinten nach vorn passieren und die Konstruktion unterschiedlich schnell verläuft. Genau wie beim Flughafen:

Wartehalle ist fertig, aber das Fundament für den Tower noch nicht mal ausgehoben. Und wo steckt eigentlich die Bauaufsicht? Eben das führt zum typischen Gefühlschaos, das wir von den Heranwachsenden kennen, denn der emotionale Bereich dominiert alles. Leider werden die Baustellen für die rationalen Komponenten im Gehirnumbau als Letztes in Angriff genommen. Um den Frontallappen wird sich ganz zum Schluss gekümmert. Schlamperei.

Der zeitweise Ausfall des Frontallappens ist der Grund dafür, warum Teenies nicht planvoll handeln, sondern die meiste Zeit des Tages verpeilt sind.

Letztens erzählte eine Zuschauerin von ihrem Sohn: „Neulich kam er an einem Sonntagmorgen die Treppe runter und hatte Angst, er käme zu spät zur Schule.“ „Und, was haben Sie geantwortet?“, wollte ich wissen. „Das einzig Richtige: Lauf, der Bus kommt!“

Eine andere Mutter hat mir berichtet, dass sie eine Einladung zum Elternabend im Rucksack ihres Sohnes entdeckt habe. „Konnten Sie noch daran teilnehmen?“, fragte ich sie. „Nein“, sagte sie. „Er hat letztes Jahr Abi gemacht.“

Solche Stories hört man immer wieder, wenn man sich mit Eltern von Teenies unterhält. Die Kinder sind sich schlicht und ergreifend nicht der Konsequenzen ihres Handelns bewusst – sie denken Gedanken nicht zu Ende und sowieso nicht weiter, als sie spucken können. Es wird im Moment gelebt. Deswegen wird die Pizza im Ofen gelassen (vielleicht ist das ja auch Nero passiert, damals in Rom …) und nasse Schwimmsachen im Beutel. „Was? Ach so, Mathe, da hab ich ’ne Fünf geschrieben, ganz vergessen, Mööönsch, jetzt mach dich doch mal locker.“

Das Perfide ist, dass die kleinen Biester natürlich nicht *alles* vergessen. Denn dann würden sie ja auch sich selbst vergessen und einfach dahocken und UNS nicht den letzten Nerv rauben. Sinnfreie Diskussionen würden nicht stattfinden und wir müssten nicht in muffige Gesichter blicken und uns nie wieder sagen lassen, dass unser Kind „kein Bock" auf irgendwas hat. Ein sehr verlockender Gedanke eigentlich.

Leider aber – es ist ja meistens so, dass man nicht kriegt, was man will – merken die sich schon was. Nämlich das, was ihnen wichtig ist. Dann sind sie durchaus in der Lage, sich dafür stark zu machen und reinzuhängen. Der Nachbarsjunge zum Beispiel tönte: „Jan hat ein iPad, ich will auch eins." Und dem Vater entfuhr der Satz, den er schon bei seinem Vater gehasst hat: „Ach, wenn Jan von einer Brücke springt, dann springst du auch?" „Nee", hat Benedikt geantwortet. „Dann krieg ich ja vielleicht sein iPad."

Die Kunst der Manipulation

Betrachten wir nun den umgekehrten Fall, nämlich den, dass wir etwas von unserem Kind wollen/verlangen/fordern. Wenn wir das einfach so wollen/verlangen/fordern, können wir es auch gleich vergessen, denn der Teenager ist in seiner planlosen Phase: „Ich komm gleich", heißt: „Ich komme nie." Sagt er: „Ich komme sofort", dann darf man in frühestens zwei Stunden mit ihm rechnen.

Man muss gewitzt und trickreich vorgehen, um bei einem Teenager zum Zug zu kommen. Hier einige Tipps für unterschiedliche Lebenslagen:

<u>Situation</u>: Man möchte gemeinsam zu Verwandten fahren, was im Klartext heißt, dass man mehrere Stunden

in einem verstaubten Wohnzimmer hocken muss und die Sekunden zählt, während Tante Gudrun nur „Ach ja“ und Onkel Heinz nur „So ist das“ von sich geben.
Falsch: „Kommst du jetzt bitte endlich und verdammt noch mal, warum muss ich immer fünfmal rufen, wir müssen los, Tante Gudrun und Onkel Heinz freuen sich schon so. Kannst du nicht einmal …“ und so weiter.
Teenager denkt: „Ätzend, ätzend, kein Bock.“
Richtig: „Nein, nein, bleib du zu Hause. Tante Gudrun und Onkel Heinz wollen über ihr Erbe sprechen, es geht um mehrere Hunderttausend Euro. Du bist zwar ihr einziges Patenkind, aber du hast ja letztens gesagt, du wärst kein Scheißkapitalist und brauchst kein Geld, um glücklich zu sein.“
Teenager denkt: „Geld. Klingeling. Für mich. Bin schon fertig.“

Situation: Die Versetzung ist gefährdet, aber der Jugendliche antwortet grundsätzlich mit „Maaaann“, wenn man ihn darauf aufmerksam macht, dass er sich auf seinen Hintern setzen und lernen soll.
Falsch: „Max/Henri/Lara/Anne, wie oft muss ich es denn noch sagen, du kennst doch den Spruch ‚Non scolae, sed vitae discimus‘, das hat dein Opa immer zu mir gesagt, dass wir nicht für die Schule lernen, sondern fürs Leben. Wo willst du denn enden? In einer McDonald’s-Filiale mit einer entwürdigenden Kappe auf dem Kopf? Dann stehst du da ohne Abitur und begrüßt deine ehemaligen Klassenkameraden, die jetzt Medizin/Jura/Mandarin studieren mit ‚Willkommen bei McDonald’s, Ihre Bestellung bitte?‘ Ist es das, was du vom Leben willst?“
Teenager denkt: „McDonald’s. McDonald’s.“

Richtig: „Papa hat, und jetzt muss ich wirklich lachen, also Papa hat gesagt, wenn du versetzt wirst, dann – entschuldige bitte, dass ich so lachen muss, also wo war ich? Richtig, Papa hat gesagt, wenn du versetzt wirst, will er … hahaha … will er … will er … New York … zwei Wochen … hahaha …"

Teenager denkt: „Wenn ich versetzt werde, spendiert Papa mir zwei Wochen New York" und er rennt mit Kondensstreifen an den Ohrläppchen in sein Zimmer, um jubelnd Mandarin zu lernen, beziehungsweise zwei Worte: 纽约市 oder anders gesagt: Niŭyuē Shì.

(Zugegebenermaßen ist das gemein, weil die Stadt New York in keinerlei reisekausalen Zusammenhang gestellt wurde. Aber irgendwann muss der Jugendliche lernen, dass Zuhören nicht heißt: Ich höre das, was ich hören will.)

Situation: Die fünfzehnjährige Tochter hat einen Freundeskreis, der Ihnen, um es milde auszudrücken, nicht behagt.

Falsch: „Mama und ich möchten nicht, dass du dich weiter mit diesen tätowierten und gepiercten Nichtsnutzen triffst, und so lange du die Füße unter meinen Tisch stellst, hast du das zu akzeptieren."

Teenager denkt: „Maaaaaan" (und trifft sich weiter mit den Nichtsnutzen).

Richtig: „Vorhin hat einer deiner neuen Freunde angerufen. Ich hab mich sehr gefreut und alle für heute Nachmittag eingeladen. Ich backe einen Schweinchenkuchen, weißt du, den, von dem Oma immer sagte, das Schweinchen sieht so aus wie du, das hab ich deinem Freund auch erzählt. Und wir könnten gemeinsam musizieren, ich hab erwähnt, dass du Blockflöte magst und zum Einschlafen gern auch noch Bibi Blocksberg hörst, nachdem du ein Brot mit Bärchenwurst gegessen hast."

Teenager fällt um. Die neuen Freunde lassen sich nicht mehr blicken.

Bitte nicht zu ernst nehmen. Manchmal ist reiner Selbstschutz angesagt. Sonst wird man schneller wahnsinnig, als man gucken kann. Und oftmals trösten einen Tatsachen wie diese nur bedingt: Alle Entscheidungen, die in der Pubertät getroffen werden, sind sogenannte Bauchentscheidungen und finden unter dem Einfluss der Gefühle statt. Kopfentscheidungen, logische Überlegungen und Vernunft können das Handeln noch gar nicht beeinflussen – weil der Frontallappen noch nicht fertig ist. Deswegen spielen die Regelsätze: „Erst denken, dann reden" und „Erst denken, dann handeln" bei Jugendlichen eine äußerst untergeordnete Rolle.

Einatmen, ausatmen, ich wiederhole: Es kommen bessere Zeiten.

Chillen wir alle gemeinsam, bis der Lappen da oben fertig ist – und hören wir auf, uns ständig Sorgen zu machen. Der Flughafen wird bestimmt seinen Betrieb aufnehmen.

No risk, no Pubertät

Ich höre von Eltern, dass sie „vor Sorge um ihre Tochter/ihren Sohn fast verrückt werden", weil er oder sie Gefahren falsch einschätzen und das Risiko förmlich suchen. Auch wenn Ihnen der Satz „Das ist ganz normal" mittlerweile aus den Ohren rauskommt, muss ich sagen: ganz normal.

Denn diese Risikofreudigkeit bei Pubertierenden steht in Verbindung mit Veränderungen im Belohnungssystem, das ist nämlich auch von den Umbauprozessen betroffen. Hier kommt der Neurotransmitter Dopamin ins Spiel. Der ist mitverantwortlich für die Veränderung im Gehirn, denn rund 30 Prozent der Dopaminrezeptoren werden nun abgebaut (F. Crews/J. He/C. Hodge, 2007). Dopamin ist von großer Bedeutung für das Belohnungszentrum des Gehirns und ermöglicht die emotionale Bewertung von Geschehnissen, Stimuli und Tätigkeiten. Dieser Verlust während der Pubertät führt dazu, dass das Belohnungszentrum weniger sensibel auf ausgeschüttetes Dopamin reagiert, was Jugendliche in diesem Alter oft lustlos und antriebsarm sein lässt. Die bis dahin als positiv empfundenen Tätigkeiten und Erlebnisse liefern nicht mehr die gewohnte Ausschüttung von Dopamin.

Das bedeutet nicht, dass Heranwachsende nicht mehr begeisterungsfähig wären oder unmotiviert, sie suchen dafür verstärkt nach extremen Erfahrungen. Eine plausible Erklärung, warum Jugendliche zu riskantem Verhalten neigen (zum Beispiel Drogen- und Alkoholmissbrauch, ungeschützter Geschlechtsverkehr).

Schade eigentlich, dass in dieser Zeit nichts reibungslos vonstattengeht. Es ist zum Aus-der-Haut-Fahren. Bei der kleinsten Lappalie, der geringsten Bitte wird diskutiert, gemotzt, geschrien, verhandelt, gestritten. Zum Beispiel, wenn es ums Nachhausekommen geht:

„Um zehn? Ej Mama, geht's noch?
Ich bin doch kein Baby mehr.
Dann muss ich als einzige gehen, das ist so peinlich!
Bitte bis elf. BITTE, Mama, BITTE!

Ihr schlaft doch sowieso schon um zehn, dann kann ich doch auch später kommen.

Lea und Maike dürfen am Wochenende immer bis elf.

Um zehn fängt die Party doch erst richtig an.

Du gönnst mir nichts, nichts, nichts.

Dann bin ich zu Hause und alle anderen feiern. Das ist so mega-ungerecht.

Wenn ich mal Kinder habe, dürfen die alles!

Warum bist du eigentlich so fies zu mir?

Kann ich bei Nadine schlafen?

Du durftest früher bestimmt länger weg.

Die Mutter von Mia lässt sie immer, so lang sie will.

I-hi-hi-hich bi-hi-hin so-ho-ho uuunglühühücklich weil du-hu so bu-hu-hu …

Bitte bis halb elf, BITTE!

Mit dir rede ich nie, nie wieder!

Da kann ich auch gleich daheim bleiben.

Bitte bis viertel vor elf, bitte!

WAAAS?

Ihr seid so spießig, sooo spießig!

Und als nächstes sagst du, dass ich was vom Sonntag habe, wenn ich früh schlafen gehe.

Ich hasse dich. Du bist nicht mehr meine Mutter.

AAAAAHHHHH!“

Kommt Ihnen das bekannt vor? Immer Widerworte, Beleidigungen, Gemeinheiten und das in Endlosschleife. Doch der Jugendliche will und muss seine Persönlichkeit kennenlernen und austesten.

Ich erinnere mich gut daran, dass ich früher zu meiner Mutter gesagt habe: „Mama! Das will ich nicht, das mag ich nicht, da hab ich keinen Bock drauf." Meine Mutter meinte: „Ach ja, der Bub wird erwachsen." Und mein Vater antwortete: „Schlimmer noch, er wird wie seine Mutter."

Fakt ist: Wir müssen unsere Kinder begleiten und Dinge hinnehmen, die uns fertigmachen. Mein Nachbar zum Beispiel hat aufgegeben, begreifen zu wollen, warum sein Sohn seine Freunde so merkwürdig begrüßt. Eigenartige Rituale, die mit der Hand ausgeführt werden: abklatschen, schnipsen, wedeln, Fäuste gegeneinander drücken. Eine sehr moderne Form der Unterhaltung. Möglicherweise sollten wir Gebärdensprache erlernen, um unsere Kinder besser zu verstehen, oder aber wir versuchen gar nicht mehr, sie zu verstehen.

Sondern lassen sie einfach groß werden. Zusammen mit ihren Gehirnen. Wir sollten sie aber nicht isolieren und während ihrer Umbauzeit im Regen stehen lassen. Auch wenn der Teenie sich wie ein sozial gestrauchelter Gorilla mit bipolarer Störung aufführt, braucht er seine Eltern. Die sollten die Kraft haben, ihm auf dem Weg zum Erwachsenwerden Hilfe und Orientierung zu bieten.

Und wenn wir beleidigt, gedemütigt, angelogen, ausgetrickst und über den Tisch gezogen werden, sollten wir uns in diesen grausamen Stunden vor Augen halten, was für ein süßes Baby und Kleinkind die Brut mal war, auch wenn wir sie gerade ins Fegefeuer peitschen möchten.

Eine Freundin erzählte mir: „Ich konnte es kaum glauben, aber irgendwann war sie da, die Wandlung. Mein Sohn saß mittags am Tisch, hat manierlich gegessen, ‚Bitte' und ‚Danke' gesagt und roch nach Shampoo. Ich wollte fragen: Hast du geduscht, dann entschied ich mich dagegen, weil ich keinen verbalen Rückfall provozieren wollte. Ich habe ihn einfach nur angeschaut und den Anblick genossen: ein gewaschener junger Mann mit sauberen geschnittenen Fingernägeln, einem frischen Pullover, einer Jeans, die nicht vor Dreck stand. Ich konnte mein Glück kaum fassen, denn ich konnte sogar sein Gesicht sehen, denn er hatte sich rasiert. Ich starrte auf meinen Sohn wie die Louvre-Besucher auf die Mona Lisa. Fast ehrfürchtig. Ich kollabierte fast vor Freude, als er nicht das übliche ‚noch Soße ham' nuschelte, sondern freundlich und in einem zusammenhängenden Satz: ‚Die Soße ist aber lecker, kann ich bitte noch etwas davon bekommen?', von sich gab.

Seitdem ist es gut. Kein Streit mehr, kein ‚Ich hasse dich!'

Mein Sohn hat offenbar seinen Lappen wieder."

Das lässt uns doch alle hoffen.

P.S.: Vielleicht sind die Verantwortlichen des Berliner Flughafens ja auch gerade in der Pubertät und ihr Frontallappen ist außer Gefecht gesetzt. Meine beste Erklärung.

4. KAPITEL

Chill die Schule

Achtung, superlustiger Witz:

Lieber einen sitzen haben als sitzen bleiben.

Wer darüber lachen kann, hat kein Kind in der Pubertät. Denn die letzten Schuljahre sind immer eine heikle Phase. Auch dieses Kapitel beginnen wir mit ein wenig Fantasy.

Folgende Sätze würden wir gern mal von Lehrern über unsere Kinder auf Elternsprechtagen hören:

1. Über Ihre Tochter/Ihren Sohn kann ich nur sagen: Sie/er ist kameradschaftlich, wohlerzogen, ehrlich, höflich und absolut unkompliziert.
2. Max/Laura ist ein Vorbild für die ganze Schule. (Die Unterlippe des Lehrers zittert. Er reibt sich kurz die Augen.) Wir sind stolz, dass wir ihn/sie unseren Schüler/unsere Schülerin nennen dürfen.
3. Egal ob Mathematik, Englisch, Deutsch oder Geschichte – es gibt kein Fach, in dem er/sie nicht interessiert und lernwillig ist.
4. Ein sympathisches Kind. Offen, gesprächsbereit, interessiert.
5. Diese sauber geführten Hefte, diese knickfreien Bücher, und dann hat Jana/Leon in Biologie diesen Vortrag über gesunde, ballaststoffreiche Ernährung gehalten – selbst ich als Lehrer habe noch was gelernt.

6. Wir alle, also das Kollegium, fürchten jetzt schon den Tag, an dem Ihr Kind Abitur macht – unsere Schule ist danach höchstwahrscheinlich dem Untergang gewidmet, weil wir niemanden mehr finden werden, der solch eine Vorbildfunktion einnehmen kann.

Letztens hatte meine Frau Klassentreffen und sie war völlig fertig, als sie nach Hause kam, denn was in den letzten zwanzig Jahren aus ihrer Schulkameradin Carmen geworden sei, könne man gar nicht glauben.

„Carmen war die Einserschülerin überhaupt", sagte sie fassungslos. „Ihr ist alles zugeflogen und jeder Lehrer hat gesagt, aus Carmen wird was, Carmen stehen alle Türen offen, Carmen nimmt die Schule nämlich ernst, Carmen weiß, worauf es ankommt, von Carmen könnt ihr euch eine Scheibe abschneiden, Carmen hat, Carmen kann, Carmen wird …" und so weiter.

„Was wurde denn aus ihr?", wollte ich wissen.

„Das kann man gar nicht glauben." Meine Frau hyperventilierte.

„Ja. Das habe ich begriffen. Also?"

Es stellte sich heraus, dass Carmen, der eine ach so große Karriere vorausgesagt wurde, und nach der sich alle Unis, allen voran Harvard, Cambridge, Oxford und die Sorbonne, angeblich die Finger geleckt hatten, sich schlicht und ergreifend nach ein paar Semestern Jurastudium dazu entschlossen hatte, doch lieber drei Kinder zu bekommen, nachdem sie einen Maler und Lackierer geheiratet hatte. Weiterhin besaß Carmen nun ein kleines Café, hatte zwanzig Kilo zu viel auf den Rippen, stand zu ihren ersten grauen Haaren und war glücklich, wenn sie Kuchen, Torten und Pralinen herstellen und essen konnte.

„Ja und?", fragte ich. „Das ist doch was."

„Du *kennst* Carmen nicht. Carmen war *die* Vorzeigeschülerin. Sie war unser Maßstab. Sie war dünn, schön und eine … eine Erscheinung."

Meine Frau versank in Nachdenklichkeit. Ich tat es ihr nach. Und dachte: Man steckt halt nie drin. Man weiß nie, was so kommt. Natürlich dachten wir beide an unsere Kinder. Man kann es drehen und wenden, wie man will: Wir können nur den Grundstein legen. Aber der Reihe nach.

Zur Schule drängt, an Schule hängt doch alles

Die gute Nachricht ist: Es gibt durchaus ein Leben ohne Abitur, Karriere und eine Menge Geld.

Die schlechte Nachricht ist: Wir wollen doch für unsere Kinder nur das Beste.

Und hier fängt das Problem an. Denn, wenn wir mal ganz ehrlich sind, eigentlich wollen wir damit auch für *uns* das Beste, denn viele von uns setzen „Ich bin stolz auf mein Kind" gleich mit „Mein Kind ist toll in der Schule". Jedenfalls habe ich das aus Elterngesprächen herausgehört.

Die Frage „Wie war es in der Schule?" wird oft mit einer Erwartungshaltung gestellt. Man will nie die dahingeworfene Antwort: „Scheiße, Latein zurück, fünf Minus" hören, sondern die frohlockende und ausschweifende Aussage: „Es war so wundervoll, ich bin nur gelobt worden, und eine zwei im Zeugnis in den Hauptfächern ist indiskutabel für mich, denn ich bin ein Einserkind, ich wurde von einer höheren Macht dafür auserkoren. Meine

Lehrer lächeln immer, wenn sie mich sehen, heute hielt ich ein Referat über Borkenkäfer und die Wollige Napfschildlaus und bin jetzt Baumpate einer anfälligen Eiche, die ich pflegen werde, darüber wird die ortsansässige Presse ausführlich berichten. Mit Foto. Schule ist so etwas Wundervolles, ich wünschte, sie würde ewig dauern."

Sie können nun gern den Kopf schütteln, aber ein Körnchen Wahrheit steckt drin. Ich kenne viele Eltern, aber *keine*, denen die schulische Leistung ihres Kindes am Hintern vorbeigeht, es sei denn, sie wissen nichts von der Existenz dieses Kindes oder von der Existenz einer Schule.

In diesem „Wie war es in der Schule?", das oftmals automatisch, atemlos und recht schnell gefragt wird, steckt die Hoffnung, dass *bitte* alles gut ist und man sich als Elternteil *bitte* nicht mit schlechten Noten oder Unmotiviertheit und diesem „kein Bock" herumärgern muss. Wir wollen, wir lechzen nach Belohnung!

Da haben wir unseren Nachwuchs von Geburt an behütet und vor Bösem beschützt. Alles ist glatt gegangen, von aufgeschlagenen Knien und sonstigen Kleinigkeiten mal abgesehen und auch die ersten vier Grundschuljahre haben wir gut überstanden. Ja, die Schuljahre, in denen wir unseren kleinen Zauberwesen gezeigt haben, wie man mit Wachsmalstiften die einzelnen Buchstaben malt und es kaum fassen konnten, dass da plötzlich „Ich hab dich liep, Mami" stand. In diesen Jahren, den Grundschuljahren, da haben wir Eltern über die anderen Eltern, deren Kinder schon in der sechsten oder achten Klasse waren, müde gelächelt, denn UNSER Kind würde natürlich nie so werden.

Die Grundschuljahre sind die Jahre, in denen man noch verschont wird und es könnte sein, dass die Evolution es so eingerichtet hat, dass in dieser Zeit das Eltern-Kind-Verhältnis noch fester gezurrt wird, weil meistens alles ganz einfach ist und die Natur für die Zukunft vorbeugen möchte.

Die Kinder sind willig, sie singen das ABC, sie machen sehr gern Lernspiele und finden es toll, wenn man sie im Supermarkt bezahlen lässt, damit sie spielerisch rechnen lernen. Vor Stolz gebläht schaut man geduldig dabei zu, wie sie den Ehrgeiz haben, achtundsiebzig Euro und zwölf Cent mit Kleingeld abzuzählen und ignoriert die immer länger werdende, „Muss das denn sein?" und „Meine Güte!" skandierende, genervte Schlange. Egal. Ist mein Kind. Ein tolles Kind. So wird das bleiben!

Aber falsch gedacht. In der weiterführenden Schule ist schon bald von dem willigen Kinde nichts mehr zu spüren. Es wird rebelliert, was das Zeug hält. Es fing schleichend an (wie ein guter Horrorfilm!) und nun müssen wir den Tatsachen ins Auge sehen: Unser Kind findet die Schule megascheiße. Bitter. So.

Und nun lehnen wir uns mal kurz zurück und denken an früher, und bitte nicht „Früher war alles besser", sondern wir denken ehrlich: „Früher war ich doch genauso".

Wir Lümmel von der letzten Bank

Allein schon Hausaufgaben: größtenteils sinnlos. Warum sollten wir Sachen machen, die wir schon konnten? Wieso haben uns die Lehrer nicht spezielle Sachen, individuellen Stoff aufgegeben? Was bringt es mir denn bitte, wenn ich eine Nacherzählung schreiben soll, obwohl ich schon hundert geschrieben habe und jedes Mal eine Eins bekam, aber nicht wirklich weiß, wie das mit dem Akkusativ so funktioniert.

Wenn ich das kleine Einmaleins nicht beherrsche, aber ständig dividieren muss, bringt mich das auch nicht weiter. Ist doch so. Und den Schüler, der freiwillig nach den eigentlichen Hausaufgaben noch weiterlernt, damit er kapiert, dass das mit dem Einmaleins ganz einfach ist, den muss man mir zeigen (es sei denn, wir sprechen von Inselbegabten oder so).

Schule war ein Übel, das wir notgedrungen hinnehmen mussten und die paar Streber, die beim Melden immer mit den Finger schnippten und dauernd Einsen schrieben, wurden in der Pause entweder in Mülltonnen oder ins Klo gesteckt und schlicht gemieden.

Da der pubertierende Jugendliche auch sonst, um es mal nett auszudrücken, ein wenig gegen alles ist, wieso sollte er dann ausgerechnet pro Schule sein? Eben. Und deswegen ist die hohe Kunst der Eltern gefragt, ihm das nahezubringen.

Ein nicht leichtes Unterfangen, um es salopp auszudrücken, denn wir können gut und gern auf dreitausend weitere „Nees“, „Kein Bock, ej“ und „Was soll denn das jetzt, Maaaaann“ verzichten.

Ich mach es kurz: Sparen Sie es sich, die Nerven zu verlieren. Einfacher gesagt als getan, ich weiß. Manch einer wird je nach Kinderanzahl erste oder letzte graue Haare bekommen, aber letztendlich soll es sich ja lohnen, die Brut auf die Welt gebracht zu haben – und wir werden sie durch die Schulzeit bringen und ja, auch prügeln, wenn notwendig. Aber wie schaffen wir es, dass sie es auch wirklich schaffen?

Indem wir die Nerven behalten. Sparen Sie sich das Gekreische, das „Solange du die Füße unter meinen Tisch stellst“ und „Was soll nur aus dir werden, du wirst in der Gosse landen“, es nützt alles nichts, die Pubertierenden werden die Schotten dicht machen, wenn so ein Kram kommt. Wir müssen subtiler vorgehen. Ihnen klarmachen, dass sie es für sich selbst tun. Wenn sie das mal gemerkt haben, ist der erste Schritt gemacht. Gut, einer von vielen, aber immerhin. Mein Nachbar Gregor ist ein pfiffiger Typ und er hat es wirklich fertiggebracht, seinem Sohn beizukommen:

„Teilweise bin ich fast verzweifelt. Aber ich bin lernfähig, das sollten übrigens alle Eltern sein und nicht denken, sie seien perfekt. Darauf bin ich aber auch erst später gekommen. Anfangs hab ich es gemacht wie viele andere: ‚Los, lern, mach jetzt, sonst gibt's Internet-Verbot oder Netflix wird abgeschafft.' Dramen sondergleichen spielten sich ab, aber geändert hat sich nichts. Mein Sohn ist von Natur aus faul und in Mathe, Physik und Chemie die absolute Niete. Irgendwann konnte ich nicht mehr. Die Noten wurden nicht besser, keine Strafe nützte was und ich habe mich mit meiner Frau nur gestritten. Ich dachte nach und mir fiel nichts mehr ein außer: Sag ihm einfach, wie es ist. Ganz gelassen und ohne Druck. Also hab ich eine ruhige Minute abgewartet, ihn mir geschnappt und versucht, ihm Folgendes klarzumachen: ‚Das ist dein Leben. Die Noten, die du schreibst, sind für dich. Du wirst irgendwann ein Abschlusszeugnis haben oder auch nicht. Du wirst dann mit etwas dastehen, für das du selbst verantwortlich bist, das kann positiv oder negativ sein. Du stellst dir die Weichen für deine Zukunft selbst. Wir können dir nur helfen und beistehen, tun musst du es.'

Das hat in der Tat genützt, er hat erst mal seine Mittlere Reife geschafft und dann ein Jahr lang in unterschiedlichen Berufszweigen gejobbt und das hat ihm gutgetan. Wir haben ihm danach glasklar gesagt, wenn er dann noch nicht weiß, was er will: Dauer-Chillen ist keine Option, das unterstützen wir nicht. Meine Frau hatte schon die Horrorvorstellung, dass er dann jahrelang weiter bei uns wohnt, nichts tut und wir irgendwann Vera Int-Veen anrufen müssen, weil wir ihn bei „Schwiegertochter gesucht" unterbringen müssen, weil wir sonst nicht mehr weiterwissen. Aber er hat sich berappelt und eine Ausbildung zum Bürokaufmann angefangen – siehe da, er war glücklich damit. Er hat einfach Zeit gebraucht, um seinen Weg zu finden. Wir waren zu ungeduldig. Übrigens: Weil wir uns so auf unseren Sohn konzentriert haben, hat unsere Tochter nur die zweite Geige gespielt und alles alleine geregelt. ‚Bei mir habt ihr nie sagen müssen, mach mal', hat sie sich mal beklagt. ‚Ich hatte immer gute Noten, aber niemand hat es gemerkt. Ich hab mein Abi gemacht und es war selbstverständlich. Immer ging es nur um meinen Bruder'.

Tja. Wie man's macht, macht man's verkehrt. Aber hätten wir ihr gesagt: Lern mal, los, mach, hätte sie wahrscheinlich entweder auch rebelliert oder aber sie hätte fünf Klassen übersprungen und ihr Bruder wäre komplett traumatisiert gewesen. Und meine Frau und ich geschieden.

Ich denke, es ist besser, den Kindern zu zeigen – im Idealfall allen –, dass man hinter ihnen steht, sie aber selbst handeln müssen. Sie tun es ja für sich. Für niemand anderen sonst. Wir können sie nur begleiten und unterstützen, den Weg gehen müssen sie selbst und aus ihren Erfahrungen lernen. Und wir sollten uns klarmachen: Noten sind nicht alles im Leben. Es gibt durchaus Kinder, die länger brauchen, genauso wie es Kinder gibt, denen alles zufliegt. Unsere Tochter zum Beispiel hat nach dem glänzenden Abi ein Freiwilliges Soziales Jahr gemacht und nun? Weiß sie nicht, was sie will und hängt rum, während unser Sohn jeden Tag arbeitet und darin aufgeht.

Aber das wird schon!"

Eben. Eine Studie übrigens besagt, dass in der 8. Klasse statistisch keiner besser wird, sondern höchstens gleichbleibt oder sich sogar verschlechtert. Erst in der Oberstufe wird die Leistung wieder so, dass man sie als normal bezeichnen könnte. So ab der 10. Klasse pegeln die Kinder sich quasi wie durch ein Wunder wieder ein. Es muss einfach KLICK bei ihnen machen und in den meisten Fällen macht es das ja auch.

Eine Frage der Motivation

Das Gute ist ja: Wir sind mit unseren Problemen nicht alleine. Und es ist immer hilfreich, sich auszutauschen, das ist wie mit dem „Ab morgen mache ich Diät.“ Zusammen geht's besser und zusammen scheitert man auch einfacher, denn Rückschläge gibt's immer und was ich hier erzähle, ist auch nicht in Stein gemeißelt, denn jeder Mensch ist nun mal anders.

> Eine Mutter hat mir erzählt: „Meine Tochter war die letzten beiden Jahre auch nicht die Motivierteste. Sie geht aufs Gymnasium und hatte, wenn wir Glück hatten, mal eine drei oder eine vier. Alles, wirklich alles andere war wichtiger: ihre Mädels, ihre WhatsApp-Gruppen, Musik, YouTube. Sie zum Lernen zu motivieren, hat null und nichts gebracht. Irgendwann habe ich gesagt: ‚Okay, es ist dein Ding, wenn du meinst, dass dir alles andere wichtiger ist, dann mach das. Wenn es so weitergeht, dann bist du bald eine Klasse unter deinen Freundinnen oder musst, wenn es ganz schlecht läuft, sogar in eine andere Schule. Es ist einzig und allein deine Entscheidung'. Dann war ich recht klug und sagte noch: ‚Wenn du sitzenbleibst, dann bist du bei denen in der Klasse, über die ihr immer lästert'. Das hat gezogen. Sie hat zum ersten Mal über die Konsequenzen nachgedacht, sie als absolut inakzeptabel befunden, sich berappelt, wahrscheinlich eine ‚Hilfe, ich darf nicht sitzenbleiben'-WhatsApp-Gruppe

gegründet, und wollte dann auch noch freiwillig Nachhilfe (wir dachten kurz, dass sie es jetzt übertreibt) – aber nicht mehr mit mir lernen, weil wir uns immer gezofft haben."

Was Nachhilfe betrifft: besser einen externen Lehrer holen. Der steht dem Schüler nicht so nah wie Mutter oder Vater, wird ernster genommen und wenn es nicht gleich klappt, wird er nicht so persönlich wie vielleicht die Mutter, die heult und fragt: „Nichts kapierst du. Was habe ich nur falsch gemacht?"

Wenn Hilfe keine Hilfe ist

Ein weiser Entschluss. Oft sind es nämlich die Helikoptereltern, die alles blockieren, obwohl sie alles richtig machen wollen. Es fängt schon damit an, dass sie ihre Kinder nichts alleine machen lassen: Ranzen packen, zur Schule fahren, abholen, alles wird von den Eltern erledigt.

Wenn man morgens kurz vor acht oder um kurz nach 13 Uhr an einer Schule vorbeikommt, denkt man spontan: ‚Huch, Trump ist hier?', weil da ganz viele, große schwarze SUVs stehen. Die armen kleinen Kinder dürfen ja nicht allein zur Schule gehen. Ein bis eben gerade noch auf Nulldiät gesetzter Tyrannosaurus Rex könnte auftauchen und unser Kind fressen. Wenn man sich überlegt, dass im Jahr 1970 noch 91 Prozent der Kinder alleine zur Schule gingen und 2012 nur noch die Hälfte, dann weiß man doch, dass hier was nicht stimmen kann. Das klingt ungesund und ist es auch.

Damit nicht genug: Wie oft sieht man Eltern mit Kindern herumlaufen und die Kinder tragen nichts, keinen Ranzen oder Sportbeutel, alles wird von den Eltern erledigt.

Viele haben einen Kontrollzwang und ständig Angst, ihren Kindern könnte in der großen, bösen Welt etwas zustoßen. Wie bitte sollen die Kinder sich zu eigenständigen Menschen entwickeln, wie sollen sie kritikfähig werden, wenn ihnen selbst der Arsch hinterhergetragen wird? (Verzeihen Sie den harten Ausdruck „kritikfähig".)

Kinder sind auch Menschen und nicht nur Kinder. Sie sterben nicht, wenn sie selbst was tun müssen. Es ist meiner Meinung nach fahrlässig, sie nicht mit alltäglichen Gefahren zu konfrontieren: Die Tochter eines Kollegen (die Mutter ist eine Helikoptermutter) ist auf dem Spielplatz vom Klettergerüst gefallen und hat sich das Bein gebrochen (weil sie darauf vertraute, dass da unten schon jemand steht und sie auffängt). Ein anderes Mal ist sie einfach so über die Straße gegangen, weil sie es gewohnt war, dass jemand auf sie aufpasst – und wurde angefahren. Den Kindern, um die man sich weniger kümmert, passiert mit Sicherheit weniger.

Was übrigens auch gern von Eltern gemacht wird, sind Hausaufgaben. Machen Sie es nicht. Es ist demütigend, sich selbst irgendwann einzugestehen, dass man mathetechnisch eine absolute Niete ist und in Frankreich verhungern würde, weil man zu blöd ist, sich das Wort Boulangerie zu merken.

Manche Eltern verzweifeln und greifen früher oder später zu Alkohol. Doch Rotwein und Dreisatz sind eine problematische Kombination. Ich habe mit vielen Eltern darüber gesprochen und wirklich daraus gelernt – eine Mutter hat mir klargemacht, dass Rotwein keine Lösung ist: „Du brauchst Gin oder Wodka", hat sie gesagt. „Wenn da was umkippt, sieht man auf den Heften keine Flecken." Daran erkennt man den Profi.

Eine gute Freundin, mittlerweile 51, hat mir von ihrer Jugend erzählt: „Ich gehöre noch zu der Generation, die ohne Handy und Internet großgeworden ist. Wir hatten lediglich ein Festnetztelefon und das war heilig und die Wählscheibe oft abgeschlossen, weil wir Kinder uns nie an den 8-Minuten-Tarif hielten. Der kostete 23 Pfennig.

Jemanden zum Spielen in die Wohnung zu holen war undenkbar, wir haben uns draußen getroffen. Und zwar immer. Auch wenn es kalt war oder geregnet hat. Unsere Eltern wussten nicht, dass wir direkt an den Bahngleisen spielten, und wir kloppten uns wie Kesselflicker. Das wurde aber unter uns ausgemacht, niemand ist nach Hause gerannt und hat geflennt und andere angeschwärzt. Das war überhaupt kein Thema. Wir haben gespielt, Baumhäuser gebaut, sind gestürzt, haben geblutet, aus dem Bach Wasser getrunken und hatten als Proviant Äpfel dabei. Das war's.

In die Schule sind wir gelaufen oder mit dem Bus gefahren und unsere Hausaufgaben haben wir alleine gemacht, so, wie es ja auch sein sollte. Klar glorifiziert man die Vergangenheit ein bisschen und es gab bestimmt auch mal Probleme in der Schule, aber im Großen und Ganzen erinnere ich mich daran, dass die Schule eben unser Ding war und nicht das der Eltern. Es wurde auch nicht groß über Hausaufgaben oder Lernen diskutiert. Das wurde gemacht, Punkt. Und wenn es nicht gemacht wurde, dann gab's vom Lehrer eine Strafarbeit. Die anderen waren draußen und spielten, wir hockten daheim und mussten fünfhundert Mal: *Ich darf meine Hausaufgaben nicht vergessen* schreiben. Das passierte nicht so oft, ehrlich. Schule musste halbwegs funktionieren, damit sich niemand aufregte – und das tat es auch.

Die Eltern heute haben viel zu hohe Erwartungen, weil in den Medien ständig Perfektion vorgegaukelt wird. Dann gibt's Machtkämpfe und der Streit ist vorprogrammiert. Ich hab meine eigenen Kinder oft einfach machen lassen, die zwanghafte Kontrolle gab's bei mir nicht.

(„Es wird gelernt, sonst gibt es zwei Wochen kein Internet, hast du mich verstanden?" Das ist Machtkampf pur. Das geht nicht. Wirklich nicht.)

Allerdings war ich nicht immer so entspannt, das gebe ich zu – man lässt sich von anderen ja gern mal verleiten, es überkorrekt machen zu wollen und es gibt nichts Schlimmeres als andere Mütter, die einen mit hochgezogenen Augenbrauen fragen: ‚Ach, du kontrollierst nicht ihre Ranzen?' Das ist völlig übertrieben.

Eine kinderlose Freundin hat mich dann übrigens auf den richtigen Weg gebracht. Sie ist mit meinen Kindern umgegangen wie mit Menschen, nicht wie mit zugempfindlichen

Pflanzen. Sie hat mit ihnen über ihre doofen Lehrer gelacht. Nicht gemeckert, sondern erklärt, wenn sie was falsch gemacht haben – aber sie hat sie erst mal was falsch machen lassen. Sie hat auf jede Frage geantwortet, manchmal auch mit ‚Ich weiß nicht' und dann eine Antwort gesucht. Klar, von außen betrachtet es sich immer einfacher, sie ist ja nicht täglich mit den Kindern konfrontiert. Aber ich habe schlicht gesehen, dass meine beiden gar nicht mehr so hibbelig waren und auch nicht mehr so laut. Vielleicht, weil sie sich akzeptiert und verstanden fühlten."

Eine gesunde Einstellung – angesichts der Tatsache, dass 55 % der Eltern für ihre Kinder das Minimalziel Abitur vor Augen haben. Dieser Leistungsdruck ist für die Kinder womöglich zu hoch. Sie machen dicht und haben keinen Bock und mal ganz ehrlich: Hätte ich auch nicht.

Ja, Eltern wollen die besten Noten für ihre Kinder. Sagen sie. Manchmal aber scheint es nicht nur um die Kinder zu gehen …

Von anderen kann man viel lernen, wenn man sich darauf einlässt. Die 88-jährige Mutter einer Freundin hat es ganz locker genommen, dass ihre Enkeltochter sich ein Jahr lang geweigert hat, Hausaufgaben zu machen: „Lass sie in Ruhe. Jeder findet seinen Weg und wenn das Fundament stimmt, kann ihr nichts passieren. Dann geht sie eben Umwege."

Ja. Es ist nicht einfach, loszulassen, aber oft der einzige Weg, damit die Brut an ein gutes Ziel kommt.

Also runter in den Schneidersitz und ein „Ooommm!“ gesummt!

Noch jemand das Beste, bitte?

Mütter und Väter wollen „nur das Beste“, aber will unser Nachwuchs dieses vermeintlich Beste auch? Nein, will er nicht.

Er will das, was er für richtig hält. Wenn wir alles regeln, bestimmen und begutachten, erziehen wir sie zu Menschen, die keine Verantwortung für sich tragen können. Seien wir geduldig. Es wird sich schon regulieren – das ist wie mit der Körperpflege. Erst kommt flaschenweise Deo ohne Duschen zum Zug, dann wird täglich dreimal geduscht. Irgendwann wird das richtige Maß gefunden.

Wir Eltern sind nur die Begleitung, das Auffangnetz, der doppelte Boden, der sichere Hafen. Tun müssen unsere Kinder es alleine. Viele Eltern meckern darüber, dass sie keine Zeit „für sich“ haben. Lassen Sie die Kinder machen, dann haben Sie Zeit für sich.

Zusammengefasst heißt das: Jugendliche müssen lernen, dass sie sich mit ihrem Verhalten selbst schaden. Es ändern oder lassen. Kapieren: Wenn man seine Aufgaben nicht erledigt, bekommt man auch mal Ärger oder Steine in den Weg gelegt. Umgekehrt geht das auch, klar, dann eben positiv. So bereiten sie sich aufs Leben vor. Das kann man nicht mit Noten. Ein Zeugnis kann man jederzeit aufbessern, einen Schulabschluss nachholen. Diese Erfahrungen aber nicht mehr.

Und verabschieden wir uns von Bestrafungen. Das kann man nur immer wieder betonen. Denn die bringen nichts, null, niente. Die bringen Ihnen nur Kopfweh.

Versuchen Sie lieber, die Hintergründe rauszufinden. Warum wollen sie nicht in die Schule gehen? Setzen wir uns also mal hin mit ihnen und reden in Ruhe drüber. Nicht nur zwischen Tür und Angel. Ist er/sie unglücklich verliebt und erträgt es nicht mehr, die große Liebe jeden Tag in der Schule zu sehen? Gibt es Ärger mit dem Lehrer, fühlt man sich unverstanden, empfindet eine Benotung als ungerecht? Ist das Kind vielleicht einfach ein bisschen schulmüde?

Wenn man sich überlegt, was man gemeinsam tun kann, ist der Weg schon einfacher zu gehen. Es ist wichtig, dass man dem Kind zeigt, dass man da ist. Nichts ist schlimmer, als das „Ich hab keinen Bock auf euch" wörtlich zu nehmen und danach zu handeln. Ein Kind braucht seine Eltern. Und in dieser Phase des Erwachsenwerdens umso mehr. Schrauben wir bitte unsere Erwartungshaltung herunter, leben mit unseren Kindern und genießen es, erwarten nicht zu viel, dann können wir auch nicht enttäuscht werden. Ist so.

Ein Freund erklärte mir: „Bei uns feiern wir mit unseren Kindern, wenn sie sich bei Noten freuen und sind mit ihnen traurig oder enttäuscht, wenn sie schlecht abschneiden. In der Regel wissen sie ganz genau, wann sie sich schlechte Noten leisten können und dann kümmert es sie auch nicht. Und uns auch nicht. Noten sind nur Zahlen auf

Papier und haben für mich und meine Frau keine Bedeutung. Sie sagen nichts über den Menschen und seine Fähigkeiten aus und werden völlig überbewertet. Wir lachen sogar manchmal über die Unfähigkeit unserer Kinder. Ich hab schon zu meinem Sohn gesagt: ‚Wo ist die Nullstelle? Da, wo du sitzt.' Er hat einfach keinen Plan von Mathe. Leider setzen viele Eltern ihre Kinder damit unter Druck, weil sie denken, schlechte Noten verbauen dem Kind die Zukunft. Dem ist aber nicht so. Den Kindern stehen trotzdem viele Möglichkeiten offen, auf den verschiedensten Bildungswegen alles nachzuholen. Gerade in der Pubertät fällt es den meisten schwer, sich überhaupt auf etwas zu konzentrieren, im Kopf ist einfach zu viel Chaos, da können schlechte Noten halt passieren. Meine Güte, das ist kein Weltuntergang! Letztens haben wir eine Doku im Fernsehen über Prinz Charles von Englang gesehen, da sagte mein Sohn: ‚Der hat auch nix gerissen.' Ich fragte nach der Begründung. ‚Naja', sagte mein Sohn, ‚der wird 70 und wohnt quasi noch bei seiner Mutter.'"

Vertrauensbildende Maßnahmen

Ich will hier keineswegs postulieren, dass man keine Schule braucht, das ist Quatsch. Natürlich benötigt der Mensch Bildung und es gibt zu Recht die Schulpflicht. Aber mit Schreien und Bestrafen kommt man nicht weiter. Eher mit Humor.

Eine Bekannte hat mir erzählt, dass ihr Sohn so oft bei der Arbeitsagentur war, dass ihm das schon als Praktikum angerechnet werden könnte. Ein klassischer Spätzünder. Aber immerhin, jetzt hat er einen Job gefunden.

Oder wir machen es wie die Mutter von Sven. Sven wollte kein Pausenbrot. Pausenbrote fand er spießig. Aber Mama wollte, dass er was isst. Was hat sie gemacht? Einen Zettel auf die Brotbox geklebt, auf dem stand: „Komme in der 1. Pause. Ich stille wieder." Ihr Sohn hat saucool reagiert. Zettel in die Brotbox gelegt: „Die Schulleitung will dich sprechen."

Die beiden haben das zum Anlass genommen, über das Pausenbrot in der Brotbox zu sprechen und es stellte sich heraus, dass der Sohn das Wort „Pausenbrot" schlimm fand. Uncool. Als sei er ein kleines Kind. Nun heißt es Lunch oder Second Breakfast und die Brote kommen als Turkey-Sandwich und Cheese-and-Salad-Wrap in die Box. Geht doch.

Schauen Sie genau hin und hören Sie auf Ihr Bauchgefühl. Was hat Ihr Kind? Es muss ja einen Grund für das Verhalten geben. Auch ein Lehrergespräch ist hilfreich, aber Achtung: Lehrer halten sich gern für Götter, das muss an dieser Stelle einfach mal gesagt werden. Nicht alles, was ein Lehrer über mein Kind sagt, gilt als in Stein gemeißelt. Auch ein Lehrer hat Fehler, handelt impulsiv, hat Lieblingsschüler und mal einen schlechten Tag, auch wenn er immer so tut, als sei er anderen komplett überlegen. Von wegen.

Was auch hilfreich ist: mit seinem Kind gemeinsam Ziele formulieren. Und sich dann das Ergebnis, das Ende der Ziele als Film vorstellen. Szene: Kind kommt jubelnd nach Hause. Zeugnisübergabe: lauter

Einser und Zweier. Das haben meine Eltern mit mir so gehandhabt. Mein Vater meinte danach, es sei ein gut gemachter Fantasyfilm gewesen.

Ebenfalls ein wertvoller Tipp: an ruhigen Orten über Schulprobleme sprechen. Beim Eisessen, beim Spazierengehen, bei einem guten Schnitzel. Das nimmt der Angelegenheit die Unausweichlichkeit, weil man auch mal auf den Teller gucken kann, man muss sich also nicht ständig in die Augen sehen. Das hat wirklich Vorteile.

Eine Mutter hat mir erzählt, sie würde Schuldinge gern im Auto besprechen, aus ebendiesem Grund. Die Tochter sagte nach einer halben Stunde: „Ist gut, Mama, ich hab dich lieb. Aber können wir endlich aus der Scheißgarage fahren?“

Offen für Neues, auch beruflich

Machen Sie sich bitte weiterhin von dem Gedanken frei, dass Kinder mit 12 oder 13 schon „wissen, was sie mal werden wollen.“ In der Pubertät will man alle zwei Sekunden irgendwas anderes oder auch weiterhin nichts. Natürlich ist es toll und macht uns stolz, wenn der Sohn was von „Arzt“ schwafelt und die Tochter gerne malt. Das heißt aber noch lange nicht, dass sie damit Geld verdienen werden.

Deswegen kann man sich auch beruhigt zurücklehnen, wenn der Sohn Müllautos toll findet und die Tochter gerne Dokus schaut, in denen Nagelstylistinnen zeigen, was sie drauf haben. Das kann in einer Stunde schon wieder Schnee von gestern sein. Natürlich gibt es

Ausnahmen: Der Sohn unseres Paketzustellers habe in der Schule nur aus dem Fenster geguckt, hat der Mann uns erzählt. Die Lehrerin habe gesagt, aus dem werde nix. Und siehe da, heute ist er Pilot. So kann es auch gehen.

Heute verlangen Teenager nach einem Beruf, der ihnen Spaß macht. Sie möchten eine Aufgabe, die sie erfüllt. Das ist doch großartig. Bringen wir sie auf den Weg dorthin und gehen ihn weiter mit ihnen gemeinsam. Schön, dass Kinder heute so frei sein können.

Seien wir doch froh, dass die Zeiten vorbei sind, in denen man 16 Stunden am Tag arbeiten musste und nur jeden zweiten Sonntag frei hatte. Unsere Kinder können sich entscheiden. Machen wir ihnen die Freude und überlegen mit ihnen, was ihnen zur Auswahl steht.

Aber Achtung: Viele Eltern übernehmen Managerpositionen für ihre Kinder und lassen sie nichts selbst entscheiden – eben helikoptermäßig – und würden auch am liebsten die Vorstellungsgespräche für sie führen. Also: Zurückhaltung ist angesagt. Seien wir keine Manager, sondern beobachten unsere Sprösslinge diskret – wie die Detektive.

Im Ernstfall kann man immer noch einschreiten (und dann damit protzen, immens viel Lebenserfahrung zu haben!)

Bei meiner Mutter und mir war das übrigens sehr effektiv. Sie hat mich bei allem gefördert. Ich offenbarte ihr: „Ich will Pädagogik studieren und ich würde gern Witze erzählen.“ Meine Mutter sah mich liebevoll an und antwortete: „Ich hoffe, das war schon einer.“

Genau genommen ist die Pubertät der Kinder eine permanente Abschlussprüfung für uns, die Eltern.

Werden wir bestehen? Welche Noten werden WIR kassieren? Wie ist die Gesamtbewertung? Und wie sieht die Zukunft aus?

Man ist ja als Eltern nicht „durch“, wenn die Kinder groß sind. Man bekommt mit, was aus seinen Kindern wird. Ein Kind ändert das Leben komplett. Man ist nie, nie, nie wieder allein.

Roadmovie des Schreckens: die Klassenfahrt

Und ständig gibt es bei heranwachsenden Kindern „erste Male“. Der erste Sturz, der erste Armbruch, die erste Liebe, die erste Sechs, der erste Ausraster, die erste Klassenfahrt. Ein weiterer Prüfstein für viele Eltern.

Zu meiner Zeit stieg man in einen Bus und zuckelte Kanon singend („Hejo, spann den Wagen an, sieh der Wind treibt Regen übers Land, hol die goldnen Gaben, hol die goldnen Gahahaben, hejo, spann den Wagen an …“) in eine verpilzte Jugendherberge im Odenwald. Die Herbergseltern waren verbitterte Menschen, die einem alles verbieten wollten, sie waren mürrisch und der Lieblingssatz des Herbergsvaters war: „Um neun Uhr ist hier abgeschlossen.“

Wer später kam, hatte einfach Pech und konnte, wenn er Glück hatte, durch ein Kellerfenster klettern. Die Herbergsmutter kochte muffelig fade Eintöpfe und dauernd musste man sagen, dass es schmeckt, weil man Angst vor ihr hatte. Die Betten waren unbequem und die Decken zu dünn, und trotzdem waren wir auf der Klassenfahrt die Könige, yes, zum ersten Mal alleine unterwegs. Okay, die Lehrer nahmen wir in Kauf, die galt es auszutricksen von wegen Mädchen und Jungen getrennt, hahaha, da wurde nachts herumgetigert.

Wenn ich an diese Klassenfahrten zurückdenke, sehe ich immer Linoleumböden, die mit letzter Kraft zu glänzen versuchen, Holzstühle und Sammelduschkabinen ohne Vorhänge. Ich rieche Erbsensuppe und Zigarettenrauch, denn damals haben alle Erwachsenen geraucht, auch in der Jugendherberge. Das Taschengeld bewahrten wir in einem Brustbeutel auf und wenn es alle war oder man den Brustbeutel verloren hatte, dann hat man eben Pech gehabt.

Ich erinnere mich an Nachtwanderungen, bei denen so getan wurde, als sei man mitten in einem Horrorschocker wie *Tanz der Teufel* oder *Nightmare on Elm Street*, immer haben die Mädchen geschrien und vor allem und jedem Angst gehabt, auch vor Moos und dem kleinsten Windhauch, und natürlich vor knackenden Ästen und Käuzchenrufen, denn es gibt nichts Gruseligeres.

Wir haben pflichtbewusst eine Postkarte nach Hause geschrieben: Mir geht es gut, das Wetter ist schön. Wir kamen übernächtigt zurück, unsere Klamotten waren verdreckt und es fehlten garantiert Socken und Unterhosen, was unsere Mütter zur Weißglut trieb („Hab ich dir nicht gesagt, dass du auf deine Sachen aufpassen sollst!“).

Fotografische Zeugnisse solcher Klassenfahrten entdeckt man heute bei Facebook in der Gruppe „Weißt du noch“: Kinder rösten mit glänzenden Augen Kartoffeln, die auf schmutzigen Ästen stecken, über offenen Lagerfeuern. Heute wirkt das eher, als würden die Kinder ihren Selfie-Stick verbrennen.

Moderne Klassenfahrten sind keine Klassenfahrten mehr, sondern mehrtägige „Exkursionen", "Erlebnis-Trips" oder irgendwas, in dem das Wort „Travel" vorkommt.

Im Vorfeld drehen viele Mütter durch, weil sie ein paar Tage lang nicht um ihre Brut herumflattern können. Sie wollen alles Mögliche wissen und sagen noch mehr Unmögliches. Ob es in der Nähe einen Arzt gibt. Ob im Essen Allergene sind. Ob das alles glutenfrei ist. Ben ist laktoseintolerant.

Wie ist das da mit der Heizung? Welche sozialen Unterschichten befinden sich während des Aufenthalts meines Kinds noch in dem Hotel (kaum jemand fährt noch in Jugendherbergen)?

Wie ist das mit Drogen? Mit Alkohol? Bist du auch bitte immer zu erreichen, Sarah? Sind die Kinder während des Aufenthalts versichert? Zieh bitte die festen Schuhe an, wenn ihr durch Paris geht. Nicht so nah an den Bahnsteig. Mit wem bist du denn in einem Zimmer? Sei bitte immer zu erreichen, Tom.

Nein. Nein. Nein. Eine Klassenfahrt, das sagt schon das Wort, ist eine Reise, in der das Kind mit seinen Mitschülern und meistens zwei Lehrern unterwegs ist. Nicht mit den Eltern. Sonst würde es ja Elternfahrt heißen.

Ich erinnere mich, wie die Laune eines Mitschülers damals auf den Nullpunkt gesunken ist, weil seine Mutter aufgrund der Erkrankung eines Lehrers als Begleitperson mitfuhr. Eine Klassenfahrt mit der Mutter ist eine Strafe. Da kann man auch gleich zu Hause bleiben. Herrje. Wir wollen von den Eltern weg und nicht von ihnen begleitet werden. Bringen Sie Ihr Kind zum Bus oder zur Bahn, verkneifen Sie sich das Winken und die guten Ratschläge, kein Sohn will vor seinen Mitschülerinnen gefragt werden, ob er sein Kuschelkissen dabei hat und keine Tochter daran erinnert werden, die Zahnspange abends in die Dose zu legen.

Kommen wir einfach mal runter und unterlassen das Helikoptergetue.

Sehen Sie es positiv: Sie können das Zimmer Ihres Kindes jetzt mal fünf Tage am Stück durchlüften, das hat doch auch was!

Auf_www.huffingtonpost.de kann man übrigens, falls hier jemand denken sollte, ich übertreibe, folgendes zum Thema Klassenfahrt lesen.

„Zwei Kollegen waren mit einer 6. Klasse auf eine Nordseeinsel gefahren. Am zweiten Tag, die Kinder hatten gerade gefrühstückt, saßen die Betreuer mit den Schülern draußen in der Sonne, um den Tagesplan zu besprechen, als ein Auto auf den Parkplatz der Unterkunft fuhr.

Ein Elternpaar stieg aus, lief auf die Gruppe zu, begrüßte ihr eigenes Kind überschwänglich und sagte dann zum Klassenlehrer: ‚Wir haben uns spontan entschlossen, hier auf der Insel ein paar Tage Urlaub zu machen und würden Jonathan gern für einen Tag mitnehmen. Er hat uns angerufen und erzählt, das Essen sei nicht wirklich lecker. Wir gehen deshalb mit ihm essen und bringen ihn heute Abend zurück. Also dann, tschü-hüüss.' Der Klassenlehrer bestand jedoch darauf, dass Jonathan bei der Gruppe bleibe. Nach einem etwa zehnminütigen Wortwechsel zogen die Eltern grimmig ab – ohne Jonathan, der recht verwirrt schien und die ganze Zeit abwechselnd seine Eltern und den Lehrer angeschaut hatte."

Ein Sozialpädagoge erzählt von einem bizarren Erlebnis:

> „Vor einigen Jahren begleitete ich die Klassenfahrt einer 5. Klasse eines Gymnasiums. Wir fuhren für zweieinhalb Tage in einen benachbarten Ort, 20 km entfernt von der Heimat. Die Mutter eines Jungen gab uns vor der Fahrt eine lange Liste mit Allergien und Unverträglichkeiten mit, dazu noch ein ›großes Blutbild‹ mit allen Laborwerten sowie dem Hinweis, ihr Sohn dürfe nicht mit den anderen Kindern zusammen essen, er könne sonst nichts essen. Wir sollten ihn vor oder nach den anderen Kindern essen lassen. Ebenso dürfe beim Frühstück keine Butter auf dem Tisch stehen, da er sich sonst übergeben müsse. Beim ersten Frühstück haben wir sogar darauf geachtet: Der Junge aß vor allen anderen, wir schickten ihn raus und der Rest der Klasse frühstückte. Ergebnis: Er kam wieder rein, setzte sich zwischen die anderen und es passierte nichts von dem, was die Mutter gesagt hatte."

Ähnlich grotesk ist das, was dieser Lehrerin aufgetragen wurde:

„Wir planten einen Ausflug ins Schullandheim. Eine Mutter bat uns als Klassenleitung tatsächlich darum, ihre Tochter täglich daran zu erinnern, dass diese ›groß machen‹ solle. Das Mädchen war elf Jahre alt."

Danke, es reicht.

Ich kann nur wiederholen: Lasst eure Kinder bitte einfach auf Klassenfahrt fahren. Eine Klassenfahrt ist für die eigene Selbstständigkeit immens wichtig und fürs Loslassen ist das die beste Übung. Und keine Angst: Die kommen wieder.

Vertrauen Sie den Lehrern und handeln Sie auch bitte danach. Fantasieren Sie sich bitte keine Notfälle, das nützt niemandem etwas.

Moment, WAS kann man denn überhaupt als Notfall bezeichnen? Meine Liste:

1. Ein Bein wurde versehentlich abgetrennt.
2. Ein Atomkraftwerk ist während einer Besichtigung hochgegangen.
3. Ihrem Sohn/Ihrer Tochter wurde von der Organmafia eine Niere oder ein Auge gestohlen.

Und andere Notfälle gibt's nicht. Punktum.

Lassen Sie Ihren Kindern ihren Spaß und haben Sie selbst auch welchen. Mal wieder essen gehen. Oder ins Kino. Oder einfach so durch die Wohnung laufen und sich wundern, dass es ordentlich bleibt. Dass es so merkwürdig still ist, wenn keine Waschmaschine läuft und niemand Türen knallt. Setzen Sie sich hin und lesen Sie ein Buch. Einfach so. Betreten Sie das Zimmer Ihres Kindes. Kein „Raus!“, kein „Wasisdenn?“, kein „Kommjagleich“. Nichts. Nur Ruhe.

Und wenn die Kinder Heimweh kriegen? Egal. Ignorieren. Schafft aber nicht jeder. Ausnahmen bestätigen die Regel. Meine Bekannte Gudrun hat es erlebt. Ständig bekam sie Anrufe: „Ich will heim, ich halte es nicht aus!“ Ein Albtraum.

Aber Gudrun blieb standhaft und sagte: „Du bleibst, du bist der Klassenlehrer!“

5. KAPITEL

Chill dein Handy

Achtung, superlustiger Witz: Ich versuchte neulich, Spiderman anzurufen – aber der hat einfach kein Netz.

Haha, Sie verstehen? Spinnennetz und Telefonnetz, das Netz, in dem wir alle gefangen sind.

<u>Tatsache:</u> Eine Studie ergab: Durchschnittlich nimmt jeder Smartphonebesitzer 88-mal am Tag sein Gerät in die Hand.
<u>Wichtige Erkenntnis:</u> Ach, das kann man weglegen?

Das Smartphone, unser Heiligtum. Mit ernster Miene pilgern wochenends ganze Familien zu Saturn und Media Markt und lassen sich von Bubis in Anzügen erklären, warum sie *das* Gerät brauchen, wenn sie *dies* wollen, und das unbedingt haben müssen, wenn sie das und das machen möchten, und man braucht die Flat aber so was von und dann kann man zusätzlich pro Monat eine halbe Stunde kostenfrei nach Boston telefonieren und man bekommt bei Vertragsabschluss noch eine Packung Kekse und darf 20 SMS nach Grönland schicken und das um-sonst! Wahnsinn und alle tun so, als sei dies ein Verkaufsgespräch, das das Leben grundlegend verändern oder sogar retten wird. Alle Beteiligten schauen dabei so angestrengt ernst drein, als ob sie damit übertünchen wollten, dass es sich nur um ein Freizeitgerät handelt, eine Zeitverbrennungsmaschine.

Nein, sie sehen so aus, als ob sie über Opas neues Dialysegerät aufgeklärt würden.

Im Sog der Suchtmaschine

Wenn man mal ganz ehrlich ist: Der Großteil der Smartphone-Nutzer braucht kein Smartphone.

Und wer jetzt aufschreit und brüllt: „Doch, ich! Wie soll ich denn sonst meine Termine koordinieren und meine ganzen WhatsApp-Gruppen brauch ich auch, sonst weiß ich ja nicht, wer mit dem Fahrdienst zum Fußball dran ist, und wenn eine Schulstunde ausfällt, erfahre ich das auch nicht, und soll mein armes Kind alleine in Nowosibirsk im Schneetreiben stehen und nicht wissen, wohin?

Und überhaupt: Ohne Handy wäre Joshua schon längst entführt worden und Selina ausgeraubt und/oder von Barbaren mit einem glühenden Schwert geblendet worden. Und angenommen, meine Frau wird gerade versehentlich zu einem Scheiterhaufen geführt, um als Hexe verbrannt zu werden, was macht sie ohne Smartphone? Wie soll ich sie dann retten?" (Kurz keimt in manch einem die Frage ‚*Und will ich das überhaupt*'? auf, aber das ist dann wieder eine andere Geschichte.)

Smartphones retten Leben. Hänsel und Gretel beispielsweise wären doch nie in das Hexenhaus gegangen, wenn sie vorher auf dem Smartphone geschaut hätten, wie die Bewertungen auf holidaycheck.de sind. Drei von fünf Sternen. Na ja. Und ein sehr einseitiges Buffet, nur Lebkuchen. Vom ungepflegten Personal mal ganz abgesehen. Das hat ja Warzen. Noch nicht mal

WLAN hat die Hexe, aber dafür ihren eigenen Hotspot, den Ofen.

Natürlich denkt jeder von uns: „Ich bin nicht süchtig nach meinem Smartphone. Ich könnte jederzeit ohne." Ja, klar. Ist meistens Quatsch. Und es ist ja auch Ihre Sache, wie lange Sie rumdaddeln und lustige Elefantenbaby-Videos auf YouTube anschauen oder wie oft sie noch mit Moni und Per ausdiskutieren, wo und mit wem man jetzt Geburtstag feiert, und dafür eigens eine Gruppe gegründet haben. Tatsache ist: Fast alle haben eins und auch unsere Kinder.

Der springende Punkt ist nur: Wir müssen unseren Kindern mit gutem Beispiel vorangehen, was die Nutzung des Smartphones angeht. Okay, wir sollten es wenigstens *versuchen*. Es ist völlig sinnfrei, dem Kind zu sagen, dass es zu oft am Handy hängt, wenn es einem selbst am Handgelenk festgewachsen ist.

Einer Statistik von 2017 nach verteilt sich der Smartphone-Besitz bei den Jugendlichen wie folgt: 12–13 Jahre = 88 %, 14–15 Jahre = 92 %, 16–18 Jahre = 94 %. Huch, mag nun der eine oder die andere denken. Und wie überleben die restlichen Kinder? Was macht der übriggebliebene Prozentsatz?

Keine Ahnung, wahrscheinlich schlagen sie ihre Augen erst wieder auf, wenn sie ihr konfisziertes Handy vom Lehrer wiederbekommen haben. Man weiß es nicht. Oder sie besitzen zwei.

Die Zeiten ändern sich und wir uns mit ihnen. Und was wir selbst tun, das können wir unserem Nachwuchs nicht verbieten. Allerdings alles mit Maß und Ziel. Die ständige Online-Sein-Problematik müssen wir mit unseren Kindern besprechen. Ja, so richtig, mit Mund auf und Stimmbänder benutzen und so. Es ist kontraproduktiv, eine WhatsApp mit der Nachricht „Handy weg!" zu schicken.

Es wird schwerer sein, Ihren Pubertierenden klarzumachen, dass es durchaus ein Weiterleben ohne Handy gibt, als sie zur Organspende zu überreden. Trotzdem hat man als Eltern eine Fürsorgepflicht und die sollte man wahrnehmen, auch wenn man dafür kurz aufhören muss, bei Ebay Karten für ein Fußballspiel zu ersteigern oder in der „Alte Kameraden"-Gruppe darüber zu diskutieren, wer fürs Grillwochenende das Bier holt.

Vielleicht beginnt man mit einem schockierenden Filmdokument. Man könnte sich mit den Pubertierenden „Der Glöckner von Notre Dame" anschauen. Will man irgendwann so aussehen wie Quasimodo, der mit einem Riesenbuckel hinter Gina Lollobrigida herhinkt und nicht mehr gerade gehen kann?

Keine Haltung ist auch eine Haltung

Im Ernst, durch übermäßige Smartphone-Nutzung verändert sich der Körper – und zwar nicht zum Guten. Der New Yorker Chirurg Kenneth Hansraj warnt vor den Haltungsschäden, die unser mobiler Medienkonsum nach sich zieht. Denn meist surfen und texten wir mit vornüber gebeugter Körperhaltung: Hals und Kopf nach vorn gereckt, Blick und Schultern in Richtung Handyhand.

Anhand eines Computermodells hat Hansraj ausgerechnet, wie viel mehr Gewicht unsere Wirbelsäule dadurch tragen muss. Der Kopf eines Erwachsenen wiegt etwa sechs Kilogramm. Stehen wir aufrecht, lastet genau dieses Gewicht auf unserer Wirbelsäule. Schon bei einem Neigungswinkel von 15 Grad verdoppelt sich jedoch die Kraft, die auf die Halswirbelsäule wirkt. Beugen wir unseren Kopf um 60 Grad nach vorne, erhöht sie sich sogar auf 27 Kilogramm – das 4,5-fache des eigentlichen Kopfgewichts.

Auch wenn unsere Muskeln, Sehnen und Bänder einen Teil der Last abdämpfen: Die schlechte Körperhaltung, die mit der Smartphone-Nutzung einhergeht, strapaziert unsere Halswirbelsäule und kann unsere Nacken- und Rückenmuskulatur über die Jahre so sehr verändern, dass eine Operation nötig wird. Auch aus psychologischer Sicht ist der Smartphone-Buckel samt Stiernacken von Nachteil, denn die vornüber gebeugte Haltung lässt uns unsicher aussehen und agieren.

Natürlich wird niemand, der sein Telefon liebt, jetzt aufhören, es zu benutzen, nur weil so ein Wichtigtuer einem was von eventuellen Haltungsschäden erzählt. Und wenn man sich um alles Sorgen machen würde, worüber man sich Sorgen machen sollte, dann würde man sich nur noch Sorgen machen! Und verpasst viele schöne Dinge, die man sorgenfrei erleben könnte.

Aber es ist eine Tatsache, dass es mit den Handys immer extremer wird. Wir fühlen uns ja bereits gemobbt, wenn unsere Nachrichten nicht gleich beantwortet werden. Ein Beispiel:

„Bist du sauer auf mich?"

Schreibt. (Ich denke: ‚Ah, ich bekomme gleich Antwort'.)

Schreibt.

Schreibt.

Schreibt. (Ich denke: ‚Ui, was hab ich bloß angestellt? So eine lange Antwort.‘)

Schreibt.

Schreibt.

(Ich bin kurz davor, auszurasten, rufe neunzehn Freundinnen, Freunde und Bekannte an, und gemeinsam diskutieren wir, warum mir noch nicht geantwortet wurde.)

Schreibt.

„Nein.“ (Erleichtert lehne ich mich zurück und denke: ‚Warum hab ich mich nur so verrückt gemacht?‘)

Vor dem Griff zum Handy einmal nachgedacht

Warum, und das ist eine der Problematiken, die Smartphones mit sich bringen, rufen die Leute sich eigentlich nicht mehr an? Warum muss alles getippt werden? Viele Missverständnisse wären schon aufgeklärt, würde man einfach miteinander reden. Geschriebene Nachrichten können so blöd rüberkommen.

An einer Stimme hört man, wie jemand was meint, bei einer Nachricht sieht man das aber nicht. Eine Nachricht kommt ja, es sei denn, man hängt dreihundert grinsende Emojis oder Kackhaufen dran, recht trocken und seelenlos rüber. Ich bin sehr fürs Anrufen. Manchmal wenigstens, bei wichtigen Dingen. Dann glotzt man auch nicht ständig aufs Handy, weil X, Y oder Z „ja noch antworten müssen“.

Soviel dazu.

Wir sollten insgesamt mehr reden. Mit unseren Kindern. Auch hier gilt: Zur Strafe das Handy abnehmen bringt nichts. Aggression ist vorprogrammiert und Ruhe kehrt erst wieder ein, wenn das Gerät zurück in Kinderhänden ist.

Aber wenn unsere zwölfjährige Tochter von morgens bis abends und am Wochenende auch noch nachts online ist, ist das nicht nur nicht gesund, sondern eine Sucht oder kann eine werden. Ich übertreibe nicht, wenn ich von einer Bekannten erzähle, deren Tochter krank wurde, als man ihr das Handy wegnahm. So richtig krank. Mit Fieber, Schüttelfrost und Entzugserscheinungen wie eine Drogenkranke. Das ist entsetzlich. Hier muss man vorsichtig sein – und sich von außen Hilfe holen. Bevor es aber überhaupt so weit kommt, sollte man klare Regeln für die Handynutzung aufstellen (die man natürlich auch selbst einhalten muss). Das sind Orientierungshilfen, wobei es in jeder Familie anders ist. Wir wollen die Schlachtfelder der Diskussionen ja gering halten, aber ein paar sind es dann doch!

1. Das gemeinsame Mittag- und Abendessen verläuft handyfrei. Alle Familienmitglieder legen die Handys weg. Alle. Auch die, die einen „total wichtigen Anruf" erwarten.
2. Ab 21 Uhr unter der Woche (oder noch früher, je nach Alter des Kindes) und vielleicht etwas später am Wochenende wird das Handy ausgeschaltet. Das soll ein Vater mal an einem Champions League Abend schaffen.
3. Auch am Wochenende gibt es handyfreie Zeiten, die man nutzen könnte, um gemeinsam etwas zu unternehmen.

Selbstredend sind das nur Vorschläge, aber so könnte es funktionieren. Alles ist verhandelbar und sicherlich gibt es Ausnahmen. Auch hierzu habe ich mir Gedanken gemacht:

1. Jemand hat während des Mittagsmahls versehentlich ins brodelnde Fonduefett gegriffen und möchte gern seine Hände behalten. Sprich, ein Arzt muss schnell her. Du darfst den Notruf wählen, auch mit verbrühten Fingern.
2. Die Esszimmerdecke war offensichtlich eine Fehlkonstruktion, wie wir während des Abendessens mitkriegen. Erst tun sich Risse auf, dann rieselt der Kalk. Während dir Gesteinsbrocken auf den Kopf fallen, darfst du mit dem Handy die 112 wählen.
3. Merkwürdig aussehende Gestalten dringen während der handyfreien Zeit in Haus oder Wohnung ein, fordern Schmuck und Bargeld. Du darfst mit dem Handy Hilfe rufen.
4. Bei Gewitter und Sturmböen klingeln nach 21 Uhr Kinder an deiner Haustüre, weil sie sich verlaufen haben und stehen nun unterkühlt und blaugefroren vor dir. Du darfst ihre Eltern anrufen und kurz googeln, was man bei Unterkühlung tut. Keinesfalls aber meldest du dich in einem Unterkühlungs-Forum an, um mit anderen Betroffenen darüber zu diskutieren, ob heißer Apfelsaft oder Kakao besser ist.

Und folgende Gründe sind keine Gründe für eine Ausnahme. Ich habe sie schon oft gehört und möchte Sie warnungshalber daran teilhaben lassen:

1. ALLE haben immer ihr Handy an.
2. Ich MUSS nachschauen, ob Vanessa mit Sascha nach der Schule heimgegangen ist. Ich MUSS.
3. Ich glaube, mein Magen hat sich aufgelöst. Ich google das besser mal.
4. Wie heißt nur diese neue Serie auf Netflix, wie heißt sie nur?
5. Ich sterbe, ich schwöre, ich sterbe, wenn ich nicht weiß, ob Vanessa mit Sascha nach der Schule heimgegangen ist.
6. Wie hieß denn nur dieses Apfelshampoo, das es in den Siebzigerjahren gab, wie hieß es nur?
7. Der Hund hat Flöhe. Googeln!
8. Meine WhatsApp-Gruppe mobbt mich, wenn ich nicht gleich antworte.
9. Papa, weißt du eigentlich, dass Mama sich mit einem dunkelhaarigen Mann Mails schreibt? Soll ich es dir zeigen?

Wir sollten uns befreien vom grundsätzlichen Vorwurf: „O mein Gott, sie/er hängt schon wieder am Smartphone.“ Denn es ist nicht grundsätzlich schädlich, ein solches Ding zu besitzen und es zu benutzen. Wir tippen ja nicht ausschließlich sinnfreies Zeug und betrachten Filmchen, die kein Mensch braucht.

Kennen Sie dieses Video, wo ein Mann versucht, eine sehr große Spinne, die an der Decke sitzt, auf einem Stuhl stehend mit einer Plastikschüssel zu fangen?

Oder dieses furchtbare Video von der angeblich gefährlichsten Straße der Welt: Ein Bus mit jubelnden Touristen fährt einen engen, verschlammten Weg in Indien entlang. Rechts geht eine Steinwand hoch, links ein Abgrund kilometerweit runter. Der Bus rutscht den Weg entlang und alle lachen, während mir schlecht wird. Dann donnert auch noch ein Wasserfall direkt über die Straße.

Oder den Film, in dem zwei junge Männer in einem Wohnwagen sitzen und eine Dose Surströmming öffnen, das ist eine schwedische Fischkonserve, und mehr schreibe ich jetzt dazu nicht …

Diese Filme muss man natürlich gesehen haben. Ich jedenfalls kenne viele Menschen, die sie kennen. Und deswegen kann ich mitreden. Genau so geht es unseren Kindern. Die schauen sich keine Busreisen-Videos an, sondern was anderes. Damit sie mitreden können.

Entdecken Sie die Alternativen

Handyzeiten muss man nach Bedarf aushandeln. So lernt Ihr Kind auch gleich, wie man sich auf einem orientalischen Basar durchschlägt. Sprechen Sie Zeiten ab. Erklären Sie, warum und weshalb man auch mal gemeinsam „abschalten" sollte. Es ist wichtig, das Gespräch zu suchen und im Gespräch zu bleiben, sonst redet man irgendwann wirklich nicht mehr miteinander. Handeln Sie einen Kompromiss aus, mit dem beide Seiten leben können.

Die Kunst ist es, größere Pausen einzulegen. Das kann befreiend sein. Nicht online zu gehen ist eine Form des Fastens. Weil plötzlich keine Über-Information mehr da ist. Man sich mit sich selbst beschäftigen kann. Und sollte.

Haben Sie schon mal versucht, mit Ihren Kindern gemeinsam zu schweigen? Einfach nur dazusitzen und nichts zu sagen? Das kann schön sein. Man erlebt gemeinsames Lachen und schlicht das Gefühl, zusammenzugehören. Und danach auch gute Gespräche.

Wer nur noch auf sein Display glotzt, lebt irgendwann im Internet und auf Facebook, wie letztens dieser komische Autofahrer. Mein Kumpel Martin und ich hatten eine Reifenpanne und mussten per Anhalter weiter, standen also da und streckten den Daumen hoch, da hielt direkt ein junger Mann an, kurbelte das Fenster runter und rief: „Danke für euer ‚Gefällt mir'" und ist weitergefahren.

Selbst vor der Kirche macht der Wahnsinn nicht halt. Freunde von uns haben geheiratet und hatten mit dem Pfarrer eine WhatsApp-Gruppe gegründet. Irgendwann postet die Frau die theoretische Frage: „Was machen wir eigentlich bei einer Scheidung?" Antwortete der Pfarrer: „Dann verlasse ich die Gruppe."

Smartphones machen vieles einfach, bergen aber ebenfalls Gefahren. Wie sollen unsere Kinder zum Beispiel Orientierung lernen, wenn es mit GPS so einfach ist? Unsere Kinder sind die Generation, die sich nicht mehr verläuft. Sie lassen sich vom Smartphone leiten, und zwar ohne sich mal umzusehen oder jemanden zu fragen.

Es ist übrigens nachgewiesen, dass das Smartphone unser Gehirn verändert. Hirnforscher Manfred Spitzer hierzu : „Es geht nicht um Technologiefeindlichkeit, sondern um unerwünschte Nebenwirkungen, wie in der klassischen Pharmakologie", sagt er. So kennen nur drei von zehn Deutschen die Handynummer ihres Partners auswendig, wie die Umfrage eines Marktforschungsunternehmens zeigt. Spitzer sieht darin eine von vielen Schwächen, die der digitalen Gesellschaft zu schaffen machen. Sie zeigten sich immer häufiger in Gedächtnis –, Aufmerksamkeits- und Konzentrationsstörungen.

Zu ähnlichen Ergebnissen kommt auch eine Studie des Software-Unternehmens Kaspersky Lab. Sie zeigte, dass 91 Prozent der Studienteilnehmer von ihren digitalen Geräten vollkommen abhängig waren. „Wer etwas wissen will, der googelt; seine Fotos, Briefe, Mails, Bücher und Musik hat man in der Cloud. Selbst denken, speichern, überlegen – Fehlanzeige“, kritisiert wieder Spitzer.

Das geht voll aufs Gehirn

Der US-Autor und Wirtschaftsjournalist Nicholas Carr beschäftigt sich seit vielen Jahren mit den Auswirkungen der „Digitalen Revolution“ auf den Menschen. Mit fortschreitender Digitalisierung bemerkt er, dass er Zeitungen und Zeitschriften immer seltener anrührt, er unaufmerksamer wird und schneller abschweift. Viele Studien belegen inzwischen, dass Smartphones und das Internet die Denkstrukturen beeinflussen.

Nicht alle Forscher sehen das als nachteilig an. Sie sprechen lediglich von einer Verschiebung der Fähigkeiten des Hirns. Es leiste nicht weniger, sondern durchlaufe einen Anpassungsprozess. Durch den Ablageplatz, den digitale Helfer für Informationen bieten, bleibe im Hirn mehr Platz für Neues. Statt sich die Dinge an sich zu merken, behält man nun die Orte, an denen das Wissen abgelegt ist.

Ich bin mir sicher, dass Sie sich nur den Satz „Nicht alle Forscher sehen das als nachteilig an“ merken werden, damit alles nicht so schlimm ist.

Ist es ja letztendlich auch nicht, das Internet ist nicht automatisch eine Gefahr. Man kann es auch gemeinsam mit dem Nachwuchs nutzen. Denken wir mal an früher: Haben die Eltern so viel mit ihren Kindern gemacht? Nö. Die Mutter stand in der Küche und hat gekocht, der Vater wollte seine Ruhe haben, wenn er von der Arbeit nach Hause kam. Gut, am Wochenende stand der verhasste Spaziergang auf dem Programm oder der Besuch bei Oma und Opa, wo man stillsitzen und sich benehmen musste. Bei Familienfeiern saß man als Kind sowieso oft am „Kindertisch" und hatte mit den anderen gar nix zu tun. Heute ist das anders.

Jetzt, wo fast jeder ein Smartphone hat, kann man es doch auch mal gemeinsam nutzen, so kommen Generationen zusammen. Wenn der Vater mit dem Sohne beim Onlinepokern versackt, kommt Laune auf, wenn die Mutter ruft: „Drückt mal Pause, Essen ist fertig." Vater kontert: „Wir spielen hier gerade mit realen Menschen aus aller Welt. Du kannst auch nicht während der WM bei Jogi Löw anrufen und sagen: ‚Mach mal Halbzeit, es gibt Fischstäbchen'".

Vielen Jugendlichen wird die Reizüberflutung teilweise schon zu viel und sie legen ihr Smartphone freiwillig ab 21 Uhr in den Flur, so gehört bei Benedikt, dem Sohn der Nachbarn. Was dessen Vater völlig verwirrt hat: „Du legst dein Handy in den Flur? Schläfst du heute im Flur?"

Jede Generation hat ihr Sucht-Medium. Wir haben telefoniert und mussten das oft heimlich tun, weil es noch keine Flatrate gab. Viele Erwachsene lebten in der Panik, dass wir zu lange telefonieren könnten. Das knall-orangene Telefon stand an seinem festen Platz, gern da, wo es kalt und zugig war – und man sollte sich grundsätzlich „kurz fassen".

Als meine Großeltern ein Telefon bekamen (damals musste man teilweise monatelang auf einen Anschluss warten), wurde das mit einem Brokatmäntelchen versehen und wenn es klingelte, bekam meine Oma jedes Mal fast einen Herzschlag. Telefoniert werden durfte nur in absoluten Ausnahmefällen. Als einmal ein telefonanschlussloser Nachbar klingelte und darum bat, für seine schwangere Frau einen Krankenwagen rufen zu dürfen, hat meine Oma neben ihm gestanden und dauernd gemahnt: „Nicht so lange, nicht so lange, das kostet alles mein Geld."

Und als Opa sich in seiner kleinen Kellerwerkstatt den Daumen abgesägt hat, durfte das Telefon nicht benutzt werden, sondern Opa musste zum Arzt laufen, weil: „Beim Arzt anrufen macht den Daumen auch nicht wieder dran."

Die Zeiten ändern sich nun mal. Was sich früher draußen „an der frischen Luft" abspielte, findet heute im Zimmer statt. Im Chat. Das ist auch ein Treffen, nur anders. Beobachten sollten wir natürlich schon, denn man darf nicht außer Acht lassen, dass digitale Medien Suchtpotenzial bergen.

Was eine Freundin von mir gemacht hat: Ihrem Router den Namen „Keine Verbindung" gegeben. Das war ein Spaß!

Nachdem solcherweise (vorschnell) resigniert wurde, haben alle zusammengesessen und Karten gespielt. Natürlich sind die Kinder irgendwann drauf gekommen, dass das eine Verarsche war, aber das fanden sie dann wiederum cool von der Mutter (es hatte ja was mit Internet zu tun).

Der Umgang will gelernt sein

Den goldenen Mittelweg zu finden, ist nicht immer einfach. Eine Mainzer Studie ergab: 96 Prozent der befragten Jugendlichen hatten ein Smartphone und fast 90 Prozent uneingeschränkten Internetzugang zu Hause. 11- bis 17-Jährige, die dauernd online sind?!

Ist das falsch? Was sagen die Jugendlichen selbst dazu? Pia ist Zwölftklässlerin an der integrierten Gesamtschule Ingelheim und betont, sie lasse sich vom Netz nicht stressen:

> „Klar nutze ich digitale Medien wie WhatsApp, Instagram und YouTube, aber ich kann meine Mediennutzung so einschränken, wie ich es möchte."

Wirklich? Ja, tatsächlich: Pia schließt ihr Smartphone beim Sport in den Spind, entscheidet ganz bewusst, auch mal ohne auszugehen.

Wer autonom mit digitalen Medien umgeht, profitiere davon, sagt Leonard Reinecke, Juniorprofessor für Online-Kommunikation an der Uni Mainz. Wer das nicht schafft, lässt sich stressen, beobachtet Reinecke – auch wenn die Smartphone-Nutzung strikt unterbunden wurde. „Ich denke, es hat Vor- und Nachteile. Jugendliche, denen man die Möglichkeit nimmt, ihr Smartphone zu checken, sind abgelenkt. Das kann als Stressfaktor wahrgenommen werden. Aber das Kreuzfeuer von Nachrichten im Unterricht ist sicher ein Faktor, dem Lernen eher ab- als zuträglich ist."

Kennen wir auch von früher, als wir uns in der Stunde Zettelchen mit unsinnigen Nachrichten geschrieben und unterm Tisch weitergereicht haben. Fanden die Lehrer auch doof. Gemacht haben wir es trotzdem.

Pia jedenfalls nutzt das Internet auch zum Lernen.

> „Über WhatsApp frage ich Freunde, wir tauschen uns aus. Oder auf YouTube gibt's sehr informative Videos über bestimmte Unterrichtsthemen, die vermitteln das manchmal besser als mancher Lehrer."

Nun ist Pia wirklich sehr vernünftig, keine Frage. So sind leider nicht alle.

Mehr als zwei Prozent der Jugendlichen nutzen soziale Netzwerke und Computerspiele suchtartig-exzessiv, nämlich rund sieben Stunden täglich, haben die Mainzer Forscher herausgefunden. 15 Prozent gelten als gefährdet. Sie vernachlässigen Hobbys, Freunde und Hausaufgaben, weiß Manfred Beutel, Direktor der Klinik für Psychosomatische Medizin und Psychotherapie. Schlechte Schulleistungen seien die Folge.

Sie haben recht gelesen: sieben Stunden! Das ist fast ein Arbeitstag. Das ist viel, das ist zu viel.

Aber bitte nicht panisch werden. Erst mal beobachten. Was genau macht unser Kind am Handy? Spielt es nur Ballerspiele und ist bei Facebook, Instagram, Snapchat und wie sie alle heißen? Trifft es sich nicht mehr mit Freunden, wirkt apathisch, lustlos und wird nervös, wenn der Akku des Handys leer wird? Hilfe holen.

Nutzt das Kind das Handy auch für andere Dinge, erzählt uns sogar davon, hat die Tochter vielleicht gerade Liebeskummer und muss sich mit ihren Freundinnen sekündlich austauschen? Oder ist das Handy immer „meins und das geht dich nichts an?“ und bis in die Nacht wird aufs Display gestarrt und Sohn oder Tochter sind völlig abwesend, unkonzentriert und müde. Dann ist Vorsicht angeraten.

Gefahr online!

Die Tochter einer Bekannten in Berlin hat heimlich monatelang in einem Internet-Chat mit einem Unbekannten geplaudert. Alles Mögliche von sich erzählt und sich dann in diesen Fremden verliebt. Als es auf Klassenreise nach München ging, wollte sie sich mit dem Typen treffen. Glücklicherweise ist der Lehrerin aufgefallen, dass sie sich so aufgebrezelt hatte wie sonst nie, hat es unterbunden und mit den Eltern Kontakt aufgenommen. Der Typ wurde anhand des Chatprofils und der IP-Adresse ausfindig gemacht und es kam heraus, dass er natürlich gar nicht der war, der er vorgegeben hatte zu sein. Auch deckte man auf, dass er nichts Gutes vorhatte.

So was geht natürlich oft durch die Medien, und wieder denkt man: Mir passiert das nicht und meinem Kind auch nicht.

Aber es kann passieren. Jedem. Über die Gefahren, die das Internet birgt, muss man mit seinem Nachwuchs beizeiten reden. Nicht kleinlich, nicht fordernd, sondern ganz normal. Klarmachen, dass der Sohn/die Tochter auf bestimmten Seiten nichts zu suchen hat. Kontrollieren, ob das eingehalten wird – ansonsten diese Seiten sperren.

Wegreden können wir die Gefahren nicht, nur hoffen, dass nichts passiert. Und alles dafür tun, damit unsere Kinder gewappnet sind. Sprechen Sie mit ihnen über die Irren, die sich falsche Namen und Profile geben, erklären Sie ihnen, dass sie sich gut überlegen sollen, was sie von sich preisgeben, was sie schreiben. Je mehr im Netz von einem ist, desto größer ist die Zielscheibe. Erklären Sie Ihrem Kind, dass sich schon Jugendliche umgebracht haben, weil sie im Internet gemobbt wurden, ausgeschlossen, verhöhnt, ausgelacht, fertiggemacht.

Und dass man nie wissen kann, wer sich hinter Mäusefänger666 oder LieberKerl16 wirklich verbirgt.

Klare Regeln sollten hier aufgestellt werden: Fotos, die gepostet werden sollen, werden Ihnen vorher gezeigt. Gesichter dürfen nicht zu erkennen sein und nicht nur das Gesicht Ihres Kindes, sondern alle auf dem Bild müssen unkenntlich sein. Hat das Kind einen Instagram-Account, würde ich erstmal zur Bedingung machen, dass ich mitlesen kann, ohne was zu liken oder so. Das Kind soll ja seinen guten Ruf nicht verlieren.

Ihr Kind soll Ihnen nicht entgleiten, sondern Sie sollen es begleiten. Das gilt nicht nur für Instagram oder Snapchat, sondern auch für alles andere. Ob Ballerspiele, Fernsehkonsum oder Nachrichtengetippe. Seien Sie stiller Beobachter und greifen Sie im Notfall klug und bedacht ein.

Beim Ballerspiel zum Beispiel kann es ganz simpel sein: Davon mal abgesehen, dass die Altersbeschränkung eingehalten werden muss – fragen Sie doch als Vater Ihren Sohn, ob Sie ihm mal über die Schulter gucken können. Erklären Sie „Ich war auch mal jung, damals haben wir das und das gespielt“ – und dann spielen Sie selbst einfach mit. Ihr Teenie findet es möglicherweise ganz cool, dass der Papa sich für ihn interessiert . Und er kann ihn ganz nebenbei noch abzocken, hehe. Und dann hockt ihr da. Bis die Mutter reinkommt und sagt: „Licht aus, morgen ist Schule“, um dann festzustellen, dass der Sohn schon lange schläft, während Papa immer noch am Zocken ist.

Immer im Gespräch bleiben

Ganz wichtig: Ich verstehe darunter „im Kontakt bleiben“. Eben nicht nur über den „Mist“ sprechen, den das Kind so verzapft, sondern vielmehr über andere verbindende Themen. Die Konflikte dürfen nicht hauptsächlich die Kommunikation bestimmen. Das Problem bitte nicht „totreden“.Ganz wichtig in Sachen Smartphone-Nutzung ist prinzipiell: sich mit einbringen und Alternativen anbieten. Sagen: „Ich hab auch so meine Probleme, das Ding wegzulegen, ich muss da auch dran arbeiten. Zusammen können wir es aber hinkriegen, oder?“ Und dann gemeinsam einen handyfreien Nachmittag, zum Beispiel am Sonntag, einrichten. Nach dem Motto: Mal sehen, wer länger durchhält, und der kriegt dann irgendeine Belohnung (die pädagogischerweise auch nichts mit dem Internet zu tun hat), zum Beispiel einen gemeinsamen Kinobesuch oder man geht Schlittschuh laufen oder macht einen Ausflug an den See oder ans Meer oder besucht zusammen eine Buchhandlung und jeder kauft sich ein tolles Buch.

„Ich schaue stichprobenartig ins Handy meiner Kinder", erzählte eine Bekannte meiner Frau. „Wir haben vorher darüber gesprochen, die Kinder darüber aufgeklärt, dass man im Netz anonym sein kann, sich verstellen und lügen kann. Das ist uns sehr wichtig, dass wir das unseren Kindern vermitteln. Die haben ja überhaupt noch keine Lebenserfahrung und wissen gar nicht, zu was manche Menschen fähig sind. Und natürlich sind sie – gerade Mädels – offen für Komplimente. Da heißt es als Eltern wirklich aufpassen. Ich habe zum Beispiel mal bei unserem Sohn gewalttätige Videos auf seinem Handy gefunden und war völlig entsetzt und schockiert. Er auch. Ich habe erst nichts gesagt und dann kam er von selbst, hat mir erzählt, dass er die geschickt bekommen hat, und es stellte sich raus, dass er genauso entsetzt war wie ich. Wir haben darüber geredet und er war fassungslos, dass es Menschen gibt, die sich an so was ergötzen. Der, der die Filme geschickt hatte, übrigens auch – der hatte vorher gar nicht gesehen, welchen Inhalt die wirklich hatten."

Viele Teenies finden es absolut in Ordnung, wenn ihre Eltern sie beobachtend begleiten. Das ist besser als ein striktes Verbot ohne Diskussion. Wichtig ist, immer wieder ins Gespräch zu kommen und auf die Gefahren hinzuweisen. Schützen kann unser Kind sich nur, wenn es selbst lernt, darüber nachzudenken, was gut und was nicht gut ist.

Am besten ist es natürlich, nur Bilder zu posten, bei denen es ganz egal ist, ob sie öffentlich oder privat stehen. Leider vergisst das Internet nichts. Ich habe mal aus Mallorca ein Foto gepostet: Ich rot von der Sonne, eingerahmt von zwei schneeweißen Engländern. Die „Rindswurst im Baguette" ist heute noch im Netz zu finden.

Internetangebote sind kein Teufelswerk, man muss nur lernen, damit umzugehen. Mit dem Handy lässt sich viel Vernünftiges anfangen. Sei es die Interaktion mit Freunden, der Austausch mit den Klassenkameraden über die nächste Arbeit oder ganz allgemein auf dem Laufenden bleiben, was in der Welt so passiert und angesagt ist. Wir sind ja nicht von der Außenwelt abgeschottet, nur weil wir draufgucken. Im Gegenteil.

Wir machen öfter den Fehler, unseren Kindern kein Hirn zuzutrauen. Es sind keine Babys mehr.

Felix ist fünfzehn und spielt auch gern mal online: „Viele Spiele im Netz sind völlig harmlos. Und ich kann selbst sehr gut differenzieren, was real und was virtuell ist. Bei meinen Freunden ist das auch so. Ich kann gar nicht nachvollziehen, wieso Erwachsene so oft gleich denken, ihre Kinder werden kriminell, wenn sie mal ein Spiel spielen, in dem sich die Gegner womöglich bekämpfen. Und was Streaming-Dienste angeht: Es gibt total viele illegale Streaming-Dienste im Netz. Teilweise benutzen wir die auch, aber selten. Die Rechtslage ist da ja so schwammig, dass keiner genau weiß, was man darf und was nicht."

Nun, liebe Eltern, das ist doch mal ein guter Punkt, um tätig zu werden. Kriegen Sie das doch mal raus, was man juristisch eigentlich darf – und dann sprechen Sie mit Ihren Kindern drüber. Das ist viel effektiver als: „O Gott, du hast ja schon wieder drei Fremdenlegionäre erschossen, du wirst selbst mal Mörder." Und gehen Sie bitte nicht gleich davon aus, dass Sie als Klugscheißer dastehen. Die Kinder werden bestimmt froh sein, mal informiert zu werden, und für Sie selbst ist es dann ein viel besseres Gefühl, wenn Sie wissen, was Ihre Kinder downloaden oder streamen dürfen und was nicht. Die müssen sich natürlich dann auch daran halten.

> Zum Thema WhatsApp hat Marie eine klare Meinung: „Da finde ich es megagut, dass ich mit meiner Familie im Austausch bleiben kann, so ganz unkompliziert in unserer Familiengruppe. Bei anderen Netzwerken wie Instagram oder Snapchat finde ich das nicht so cool, weil meine Mutter da immer sehen würde, was ich für Bilder poste und das womöglich auch noch kommentieren würde. Bitte nicht, das würde mich nerven. Meine Mutter ist dafür auf Facebook, das ist mir aber egal, weil ich da eh nichts mache, das ist bei uns Jugendlichen überhaupt nicht mehr angesagt."

Kann ich verstehen. Bei Facebook schreibt Marie also, wenn die Eltern im Urlaub sind: „Gestern waren Freunde da, wir haben Saft getrunken und ich habe auch daran gedacht, die Fische zu füttern", und während die Mutter

„Gefällt mir" klickt, verrät Marie auf Snapchat: „Wir hatten eine fette Party! Jonas hat in den Teich gekotzt!"

Meine Nachbarin Miriam sagt: „Mein Mann hängt sogar mehr am Handy als unsere Kinder. Die haben ihre Smartphones mit vierzehn bekommen. Fernsehen gab es bei uns von klein auf nicht viel, altersentsprechende DVDs ab fünf Jahren. Aber auch nicht tagsüber, da lief bei uns kein Fernsehen. Wir schauten gemeinsam, aber natürlich gab es Ausnahmen. Wenn das Wetter zu doof war, um was draußen zu unternehmen oder ein Kind krank war. Und mit vierzehn haben sie dann auch ihren eigenen Fernseher bekommen. Wenn ich mitkriege, dass meine Tochter nächtelang mit ihrem Freund WhatsApps schreibt – was ich in ihrem Alter übrigens auch getan hätte, hätte es das gegeben – habe ich mein Handy mit ihrem zusammen abends um 22 Uhr ins Wohnzimmer zum Aufladen gelegt, nachdem wir drüber gesprochen hatten. Ansonsten leben wir es einfach vor. Beim Essen hat keiner von uns das Handy dabei, bei Gesprächen auch nicht. Nur mein Mann muss da leider noch erzogen werden. Aber das kriegen wir auch noch hin."

„Bei uns kann man das halten, wie man möchte. Das WLAN steht zur freien Verfügung", sagt ein Besucher. „Nur so lernen sie, es auch selbst zu regeln. Das Handy ist ja heute ein ganz normaler Gebrauchsgegenstand. Ich kann den ganzen

Zirkus, den einige darum machen, überhaupt nicht verstehen. Je mehr ich das einschränke oder gar als Druckmittel oder Strafe einsetze, umso gieriger werden die Kids doch danach."

Kontrolle oder Kommunikation?

Genau. Man will eben wirklich immer das haben, was man nicht kriegen kann.

So lange alles andere läuft – Schule, Vereinbarungen, Zimmer aufräumen – ist es völlig in Ordnung. Und wenn es nicht läuft? Was dann? Schnüffeln? Vertrauen ist gut, Kontrolle ist besser? Nein. Das Handy ist wie ein Tagebuch und Sie hätten es auch richtig mies gefunden, wenn Ihre Eltern in Ihrem Tagebuch gelesen hätten, oder? Auch wenn man glaubt, es geht nicht anders, das ist ein Tabu. Gleiches gilt für den Schulranzen oder den PC.

Selbst bei begründetem Verdacht auf Schulschwierigkeiten, Drogenprobleme, soziale Krisen sollten Sie das nicht tun. Gerade in solchen Situationen wollen Sie Ihrem Kind doch helfen und das geht sicher nicht besser, wenn Ihr Eröffnungszug darin besteht, sein Vertrauen zu brechen – ganz egal übrigens, ob Sie das auch so sehen oder nicht. Sprechen Sie Ihre Sorgen in einem möglichst ruhigen Moment an. Man kann gar nicht oft genug wiederholen, wie wichtig die verbale, echte Kommunikation mit dem Kind ist.

Ihr Wort hat für Ihr Kind weit mehr Gewicht, als Sie wahrscheinlich glauben. Bauen Sie darauf!

6. KAPITEL

Chill die Familie

Was gibt es Schöneres, als mit der Familie zusammen zu sein?

Viele von uns wünschen sich eine, ich nenne sie mal *Rama*-Familie (vielleicht erinnern Sie sich an die entsprechende Werbung aus den 1970er-Jahren): Eine strohhutbedeckte, fröhliche, blonde Frau in Vierländer-Tracht radelt herum und hält an einem Garten, in dem Großeltern mit ihren Enkeln frühstücken, und bringt ihnen Rama-Margarine. Alle sind glücklich, dass sie endlich einen Belag für ihre Sonntagsbrötchen haben und bestreichen sie selig lächelnd mit dem rein pflanzlichen Brotaufstrich. Dann ist der Spot zu Ende, aber man hat ja Fantasie und weiß, wie der Tag weitergehen wird: Der Opa wird mit dem Enkel angeln gehen, während die Oma der Enkelin gütig zeigt, wie man Socken stopft, dann kneten sie zusammen Mürbeteig für den Nachmittagskuchen. Zum Kaffee kommen dann die glücklich verheirateten Eltern der Kinder, um sie abzuholen, man sitzt zusammen, lobt den Kuchen und grillt abends gemeinsam den vom Opa und Enkel gefangenen Fisch. Auf der Heimfahrt schlafen die Kinder natürlich im Auto ein und werden dann vom Vater in die Betten getragen. Dann sitzen Mann und Frau noch gemütlich am offenen Kamin, trinken ein Glas Rotwein und sind dankbar für diese Familie.

Die Wirklichkeit ist oft anders. Sehr anders.

Haushaltshilfe gesucht!

Familie ist ein umfassendes Thema, fangen wir an mit der Frage der Fragen: *Sollte es Regeln und/oder tägliche Pflichten geben, was das Helfen im Haushalt betrifft?*

Eigentlich ist das ganz klar geregelt. Per Paragraph. Es gibt den § 1619, der da heißt (Dienstleistungen in Haus und Geschäft): „Das Kind ist, solange es dem elterlichen Hausstand angehört und von den Eltern erzogen und unterhalten wird, verpflichtet, in einer seinen Kräften und seiner Lebensstellung entsprechender Weise den Eltern in ihrem Hauswesen und Geschäft Dienste zu leisten."

Vielleicht sollte man das mal ausdrucken und damit die Küche oder den Flur oder die ganze Wohnung tapezieren. Überall, wo man hinschaut, dieser Paragraph. Das ist wie Folter. Ob es wirkt, weiß ich nicht. Vielleicht werden alle Ihre Kinder Rechts- oder Staatsanwälte. Oder kriminell, weil sich eine Grundaggression gegen Paragraphen in ihnen aufgebaut hat.

Meine Empfehlung: Stellen Sie wenige Regeln auf, aber die sollten dann auch gelten – können aber durch Gespräche variiert werden. Die Bedürfnisse der eigenen Familienmitglieder sollten berücksichtigt werden, es kann immer mal was dazwischenkommen. Es ist kontraproduktiv, wenn die Tochter das ganze Haus wischen soll, „weil das so ausgemacht ist", obwohl sie eigentlich für die Mathearbeit lernen müsste, deren Note über die Versetzung entscheidet.

Grundsätzlich gilt also: Die Regeln sind einzuhalten, aber es ist nichts in Stein gemeißelt (wenn die Tochter allerdings ständig behauptet, für eine ganz wichtige

Mathearbeit zu lernen, gerade dann, wenn sie mit der Hausarbeit oder dem Einkaufen dran ist, würde ich mal detaillierter nachfragen).

Und die einzelnen Aufgaben sollten von Zeit zu Zeit variieren, damit jeder Dinge erledigen muss, auf die er überhaupt keinen Bock hat.

Jeder macht es übrigens anders. Die einen drucken die Regeln aus und hängen sie an den Kühlschrank, andere wiederum setzen auf Kommunikation:

„Wenn es um Dinge wie Computerspielzeiten, Fernsehen, Helfen im Haushalt, respektvollen Umgang miteinander geht, besprechen wir das mündlich. Wenn sie nicht eingehalten werden, gibt's eine Auffrischung – und wenn das nix nützt, auch mal Konsequenzen. Und bei den Konsequenzen muss man dann auch konsequent bleiben", erzählte mir ein Besucher nach einer Show.

„Bei uns klappt das gut", sagte ein anderer. „Da gab es noch nie einen Aufgabenplan. Es war und ist klar, dass wir als Eltern den Löwenanteil im Haushalt stemmen und unsere Jungs in loser Reihenfolge bestimmte Aufgaben erledigen, die auch noch wichtig sind. Davon ausgenommen war immer unser Hund, um den haben wir uns alle gleichermaßen gekümmert. Unsere Söhne sind sogar öfter mit ihm rausgegangen als wir, da meine Frau und ich Vollzeit arbeiten. Das musste gar nicht groß diskutiert werden, das war einfach so.

Mittlerweile wohnt nur noch ein Sohn bei uns. Er macht, um was wir ihn bitten, und hat als feste Aufgabe das Treppenhausreinigen übernommen.

Ich denke, der Ton macht die Musik. Wie man in den Wald hineinruft, so schallt's zurück. Feste Regeln sollten höchstens zur Orientierung dienen. Und es dürfte klar sein: Wenn ich meinen Sohn anrufe und sage ‚Bring bitte Milch mit, ich hab's vergessen', dann ist das kein Thema. Der würde ja nicht sagen: ‚Kümmer dich doch selbst um deine Milch, ich trink keine im Kaffee'. So was gibt's nicht, das gab es von Anfang an nicht. Wir sind immer voller Respekt miteinander umgegangen."

Natürlich kann es gut sein, dass er die Milch einfach vergisst, was in der verpeilten Pubertät vorkommen kann – an dieser Stelle verweise ich auf das Kapitel in diesem Buch, welches sich mit dem Gehirn auseinandersetzt ;-)

Wenn Erziehung nicht mehr greift

Entscheidend für das Funktioneren und Wohlergehen einer Familie ist in der Pubertät aber nicht, welche neuen Regeln man aufstellt, sondern wie man in der Familie miteinander und auch mit Problemen umgeht. Was viele Eltern leider nicht realisieren: Kinder sind zu jedem Zeitpunkt ihres Lebens vollwertige Menschen und müssen nicht durch Strafen und Verbote zurechtgebogen werden.

Natürlich meinen es Eltern immer „nur gut“ und die Kinder widersetzen sich den Meinungen und Ansichten der Eltern in der Regel auch nicht, sondern kooperieren. Wie wunderbar, denkt man. Mein Kind tut, was ich will, nimmt alles an und gibt keine Widerworte. Erziehung ist so einfach. Ja. Das ist es. Bis die Kinder so ungefähr zwölf werden, denn dann beginnt der Krake Pubertät sich breitzumachen und mit seinen Fangarmen Unfrieden zu stiften. Und das in alle Richtungen.

Leider ist es eine Tatsache, dass ungefähr ab dem zwölften Lebensjahr alle Erziehungsmaßnahmen zu spät kommen. Das schlechte daran: Sie können nichts mehr bei ihrem Kind ändern. Das Gute: Sie können sofort aufhören, Ihr Kind zu verändern. Es ist vorbei. Der Drops ist gelutscht. Der Fisch geputzt. Der Zug abgefahren, und zwar in Richtung eigene Mündigkeit. – Das sagen die Kinder übrigens auch, aber die Eltern hören es nicht, was daran liegen könnte, dass sie ihren Kindern bis heute auch kaum zugehört haben. Anfangs drücken Kinder Veränderungen noch diplomatisch aus, aber wenn die Eltern das nicht verstehen, werden sie eben lauter oder lassen ihren Körper sprechen. Und schon haben wir den Salat beziehungsweise den Streit.

Wer Kindern Grenzen setzt, ohne das Gespräch zu suchen, hat schlechte Karten. Die Kinder werden bockig. Damit hätte man früher anfangen müssen. Ab zwölf ist es zu spät. Deswegen muss man vorsichtig und behutsam vorgehen, Regeln vielleicht „Abmachungen“ nennen, darüber reden und niemals herumschreien. Wenn es nicht beim ersten Mal funktioniert: Hallo, wir alle haben mal einen schlechten Tag. Warten wir bis morgen.

Und tauschen uns bis dahin vielleicht mit anderen aus. Denn wir sind nicht alleine mit dem ganzen Nerv. Auf Facebook gibt's die Gruppe „Keep cool, Mama“ (sie sei hier herzlichst gegrüßt und empfohlen), und wer hier niemanden findet, dem es ebenso geht, soll sich bitte bei mir melden.

Das Aufstellen von Regeln ist wichtig, aber noch wichtiger ist, den Kindern bewusst zu machen, was passiert, wenn die Regeln nicht eingehalten werden.

„Bleiben Sie unbedingt glaubwürdig“, rät die Psychologin Andrea Brinkmann. „Erinnern Sie sich an eigene Zeiten der Veränderung, reden Sie mit Ihren Freunden darüber, tauschen Sie sich aus und sehen Sie das Positive in dem Prozess der Abgrenzung und Loslösung: Bleiben Sie gelassen – die Pubertät geht vorüber.“

Regeln dienen der Orientierung und die muss sein. Die Jugendlichen haben jetzt so viel Durcheinander im Kopf, dass sie wenige, aber klare Vorgaben benötigen. Mithelfen im Haushalt ist ein Thema, das in jeder Familie, die ich kenne, zu Streitigkeiten oder aber zumindest zu Diskussionen führt.

Trotz aller Emanzipation bleibt das meiste an den Frauen hängen. (Und wenn wir alten Werbespots glauben, steht die Frau in ihrer Küche und strahlt und putzt wie eine Irre und backt und widmet sich mit Hingabe der

Herstellung von Dr. Oetker-Pudding – und aus dem Off kommt eine Männerstimme: „Das Wichtigste für einen Mann ist sein Pudding!") Heute freuen sich die Frauen nicht mehr so, die Küchenfee zu spielen, weil die meisten nebenbei so einen „Job" haben, aber sie tun es trotzdem, und irgendwann wieder alleine, weil sie zermürbt sind von den ewigen Hilf-mal-im-Haushalt-Diskussionen.

In allen Familien findet sich das gleiche Bild. Hier eine beliebig zu erweiternde Liste mit Gründen von Jugendlichen, die die Küche nicht aufräumen/Lebensmittel nicht zurück in den Kühlschrank räumen/ also eigentlich gar nichts machen:

1. Ich wollte mir ja gleich noch ein Brot machen.
2. Es ist doch gar nicht dreckig hier.
3. Ich wollte es gerade wegräumen.
4. Warum bist du so spießig?
5. Kann ich doch nix für, wenn die die Dosen so herstellen, dass die Tomatensoße beim Öffnen rausspritzt.
6. Ich weiß ja gar nicht, wo was hinkommt.
7. Sei doch froh, dass ich alles rumliegen lasse. Du willst doch immer alles von mir erfahren, jetzt weißt du wenigstens, was ich mir zu essen gemacht habe.
8. Küche aufräumen? Wo ist die denn?
9. (Nachdem drei Baguettes aufgeschnitten wurden:) Die paar Krümel. Stell dich doch nicht so an, Maaann!
10. Hab ich schon gesagt, dass du spießig bist?
11. Mich stört es ja nicht. Wenn es dich stört, kannst du es ja wegräumen.

Und hier die beliebtesten Ausreden zum Thema Küche sauber halten, Krümel wegwischen, Brot zurück in den Korb, Aufschnitt in die Dose/in den Kühlschrank etc.:

1. Gleich.
2. Gleich.
3. Gleich.
4. Oh, Maaaann.

Im Prinzip kann diese Liste beliebig fortgeführt werden. Vielleicht werden sie alle Arzthelferinnen: „Sie sind gleich dran!"

Es ist ein neuer Sheriff in der Küche

Eine Umfrage ergab übrigens, dass 70 % der Teenager gern kochen und sich wohlfühlen, wenn sie Gemüse oder sonst was klein schnippeln. Das freut uns Eltern. Und wir übertrumpfen sie mit 100 % Freude darüber, wenn sie ihre Scheißreste bitte wegräumen. Und wenn ich als gestresstes Elternteil einen melancholischen Durchhänger habe und mir die pubertären Auswüchse zu viel werden, will ich nicht noch in schwarzverbrannte Kochtöpfe gucken müssen. Vielleicht müssen wir es pragmatisch sehen: Die Küche ist ein Ort, mit dem unsere Kinder nicht klarkommen – basta.

Meistens klappt es ja gut. Wenn man vernünftig miteinander kommuniziert und nicht so tut, als würde man etwas völlig Unmögliches verlangen („Kannst du nicht eiiiiiiinmaaaaal den Müll mit runternehmen? Ist es denn niiiiiicht maaaaal möööööglich, dass du die Krümel vom Tisch wischst!"), wenn man dem Ganzen keine unnötige Dramatik verleiht („Als iiiiich so aaaaalt waaaaaaaaar wie duuuuu, habe ich immmmmer getan, was mein Vaaaaater gesagt hat!"), dann geht es doch ohne Probleme. Aber wenn eine Mutter oder ein Vater schon im Vorfeld denkt: Er/sie macht das bestimmt nicht, dann ist Gegenwehr vorprogrammiert.

Bei Freunden von mir klappt das ganz ohne Not: „Meine beiden Töchter und mein Sohn machen einfach, was so anfällt: Tisch decken, abräumen, Spülmaschine ausräumen, Rasen mähen, die Wäsche falten. Meistens freiwillig, und wenn nicht, dann nach Anweisung, aber freundlich. Nicht genervt. Meine Oma hat immer gesagt: ‚Der Ton macht die Musik', und das stimmt. Wenn man freundlich was sagt, ist es ja auch völlig unnötig, unfreundlich darauf zu antworten. Manchmal ist es wirklich einfach. Eins haben wir allerdings eingeführt ohne Wenn und Aber: Für ihre Zimmer und ihre Bäder sind sie selbst verantwortlich – und ich gehe da nicht rein. Das heißt aber auch, dass ich keine schmutzige Wäsche von dort aufsammle. Wenn sie die nicht in die Waschküche bringen, haben sie Pech gehabt."

Ein anderer Freund erzählte mir: „Bei uns daheim war es eigentlich auch ganz easy. Ich weiß noch, dass ich mit meinen Eltern mal so richtig zusammengekracht bin, und dann haben wir uns hingesetzt und uns ausgesprochen, ich habe ihnen auch mal gesagt, wie mich das ständige Kontrollieren nervt, sie sind ja auch teilweise schon automatisch davon ausgegangen, dass ich den Tisch NICHT abwische. Ab da ging es dann wirklich super und ohne Drama."

Die Tochter einer Freundin hat gesagt: „Mit Mama hatte ich immer so richtige Machtspielchen, du musst aber, ich will aber nicht, das hat einen richtig zermürbt. Irgendwann hab ich den Müll genommen und ihn runtergebracht, und ich hab festgestellt, dass das überhaupt kein Akt war und kam mir richtig blöd vor. Mama und ich haben dann gelacht. Was ich zum Beispiel nie mache, und da verstehe ich Mama, da rastet sie immer bei meinem Bruder immer aus, wenn der Essensreste in seinem Zimmer lässt, das geht gar nicht. Ich habe mal Käfer gesammelt und die im Zimmer meines Bruders ins Bett gesetzt, da waren aber die Sachen ganz schnell draußen."

Ihre Mutter: „Ja, so kann es auch gehen. So was zieht besser als Strafen."

Eine Mutter hat ihrer Tochter einmal alle Reste aus der Küche aufs Bett gelegt, Fleischwurst, Tomate, Basilikum ... Deren Freund hat sich über dieses Betthupferl sehr gefreut und gemeint, die Beziehung gehe in eine positive Richtung. Wenn ich heute in Hotels ein Schokolädchen auf dem Kopfkissen finde, denke ich immer: „Nutella beim Frühstück nicht weggeräumt!"

Die Klopapierolle ist auch immer wieder ein Phänomen. Meist bekommen sie Mütter mit einem letzten Blatt zu Gesicht. Eine Mutter hat auf das letzte Blatt „Wehe, du verpisst dich!" geschrieben, in der Hoffnung, dass die Rolle ersetzt wird. Es ist tatsächlich passiert – der Vater hat sich wohl ebenfalls angesprochen gefühlt.

„Meine Mutter versteht mich einfach nicht." Der Sohn einer Besucherin war da ganz anders drauf. „Letztens hat sie mich angemotzt, weil ich ein bestimmtes Oberteil nicht in die Wäsche getan habe. Dann hat sie es genommen, ohne mich zu fragen, dabei wollte ich es noch anziehen. Und dann nimmt sie mir zur ‚Strafe' das Handy ab. Was hat denn das eine mit dem anderen zu tun?"

Das stimmt. Was lernt der Jugendliche daraus fürs Leben? Wenn ich nicht funktioniere, wie der andere es möchte, krieg ich was weggenommen. Das schadet nur. Sich lieber fragen: Ist diese Sache so viel Aufregung wert? *Und wie schaffe ich es, dass meine Kinder mich dauerhaft unterstützen?*

Hierfür gibt es wie für so vieles kein Patentrezept, denn jede Familie ist anders. Reden ist meistens besser als eine schriftliche Ermahnung. Bei manchen jedoch zieht ein Zettel mit rotem Kuli mehr.

Ein Putzplan ist oft sehr gewinnbringend. Das ist das erste was direkt vom Teenager im Müll landet.

Scheint zu funktionieren.

Grundsätzlich rate ich, einen kühlen Kopf zu bewahren und bei Kleinigkeiten auch mal ein Auge zuzudrücken. Sind feste Aufgaben verteilt, sollten diese befolgt werden. Das Kind ist zuständig für das Altpapier? Dann ist es das auch. Und wenn sich die Papierstapel in der Garage türmen und Nachbarn schon ihr Altpapier daneben stellen, weil sie denken, hier ist ein Container, dann sollten Sie auch hier den Müll ins Kinderzimmer verfrachten. Dabei dürfen Sie gern laut fluchen, das reinigt innerlich.

Und jetzt ein Griff ins Klo

Streit entbrennt meist um die wirklich nervigen Aufgaben, also die, die keiner gern macht. Klo putzen. Bügeln. Abstauben. Und was weiß ich. Wenn man diese Jobs rotieren lässt, ist das alles nur halb so wild.

Eine Bekannte von mir hat das mal ganz rigoros durchgezogen. Als die Tochter wiederholt das Aufräumen verweigerte, hat sie vom Taschengeld eine Putzhilfe finanziert. Sehr merkwürdig, wie das plötzlich lief – wie am Schnürchen nämlich.

Auch beachtenswert: Nicht zu den unmöglichsten Zeiten darauf beharren, dass dieses und jenes jetzt noch unbedingt erledigt werden soll, weil es so ausgemacht war. Auch ein Teenager hat einen langen, oft anstrengenden Tag und ist abends kaputt. Wenn man ordentlich verhandelt, dann kann die Badewanne auch morgen geschrubbt werden. Aber dann auch wirklich morgen. Hotel Mama ist nicht.

Einiges kann man übrigens auch zusammen erledigen und sich dabei unterhalten. Bad putzen. Der eine die Wanne, der andere das Waschbecken. Das kann durchaus nett sein. Wenn man der blöden Haushaltsarbeit den Schrecken nimmt, ist sie gar nicht so schlimm.

Übrigens: Nehmen Sie es bitte ernst, wenn Ihr pubertierender Sprössling partout nicht will, beteuert, dass er müde sei, schlafen wolle, Kopfweh habe. Macht er vielleicht zu viel? Schule, Hausaufgaben, Hockey, Fußball, Theater-AG und schlagmichtot. Nicht jeder Teenager will sich automatisch vor etwas drücken, auch wenn man oft den Eindruck hat. Es kommt vor, dass da wirklich was hintersteckt. Ein Schultag ist lang und wenn die ganzen Freizeitaktivitäten noch dazu kommen, wird alles noch länger. Also ruhig mal hinterfragen.

Schon von klein auf sollten wir die Kinder mithelfen lassen, auch wenn sie kaum dazu in der Lage sind. Aber der Stolz eines Dreijährigen, der Besteck gewissenhaft sortiert und in die Spülmaschine räumt, ist wundervoll und die glänzenden Augen der Vierjährigen, die das Auto aussaugen darf, sind Gold wert, auch wenn diese Hilfeleistung ungefähr ein Jahr dauert. Und wenn die sechsjährigen Zwillinge „allein Pizza machen, um Mama zu überraschen", ist das wunderbar, selbst wenn danach renoviert werden muss.

So verschaffen wir unseren Kindern erste Erfolgserlebnisse, auch wenn wir innerlich schreien möchten:

„BIST DU IRRE GEWORDEN, ÜBERALL TOMATENMARK UND KÄSE, UND AUF DEM BODEN KANN MAN SCHLITTSCHUH LAUFEN UND ÜBERHAUPT, WIESO QUALMT ES AUS DEM BACKOFEN, SCHON MAL WAS VON TEMPERATUR EINSTELLEN GEHÖRT UND DAVON, DASS TEIG VERKOHLEN KANN AAAAAAAH!!!" Wir atmen ein, wir atmen aus, wir sagen: „Oh Murkelchen, oh Gürkchen, habt ihr das toll gemacht, mmmmh lecker! Schwarze Pizza, die hab ich ja noch nie gegessen, also da habt ihr Mama aber eine Freude gemacht, ihr seid tolle Kinder!"

Machen Sie sich immer wieder klar: Es geht vorbei. Ihre Kinder werden erwachsen und möglicherweise irgendwann eigene Kinder haben und dann sind Sie dran. Dann können Sie die Enkel verziehen, wie Sie wollen und auf diese Weise späte Rache üben.

Wollen Sie wahrscheinlich nicht, aber manchmal hat man seine Fantasien …

Jeder ist seines Familienglückes Schmied

Jeder hat seine eigenen Methoden des familiären Umgangs. Bekannte von mir fahren mit folgenden Grundsätzen sehr gut:

> Regel Nr. 1: Jeder Tag hat einen neuen Anfang und gibt uns eine neue Chance!
> Regel Nr. 2: Wir begegnen uns auf Augenhöhe.

> Regel Nr. 3: Niemand geht mit Groll aus dem Haus.
> Regel Nr. 4: Gibt es nichts Nettes zu sagen, lassen wir es.

Das war's. Ansonsten gibt's keine Regeln oder Aufgaben, weil das nämlich nur Stress gibt. Im Gegenteil.

> „Wir sind eine Großfamilie, es läuft nur, wenn alle mit anpacken und je mehr wir gemeinsam schaffen, umso mehr Zeit bleibt für gemeinsame Unternehmungen: Sport, Spiele und so. Das geht super. Man muss halt gucken, welche Vereinbarungen für welche Familie passen. Wenn man das mal hinbekommen hat, ist es eigentlich ganz einfach. Das setzt natürlich voraus, dass man sich auch für die Familie interessiert und gern mit den einzelnen Mitgliedern zusammen ist."

Wenn Regeln nicht akzeptiert werden, sollte man sich fragen, ob sie noch Gültigkeit haben. Menschen verändern sich, die Arbeit wird mehr, die Schulzeiten sind andere, die Kinder werden älter: Es gibt viele Gründe, wieso und weshalb etwas nicht mehr funktioniert. Besprechen Sie gemeinsam mit Ihrer Familie, wie Sie miteinander leben wollen.

Je mehr Eigenverantwortung Kinder übernehmen, desto besser kann es laufen – und einige Dinge werden auch nicht mehr passieren. Wer zum zehnten Mal den Haustürschlüssel vergisst, denkt möglicherweise das nächste Mal ein bisschen nach. Wer zehnmal vergisst, vom Supermarkt Kakao mitzubringen, bekommt morgens keinen Kakao, und wer morgens „ohne Kakao nicht überleben“ kann, wird beim nächsten Mal dran denken.

Lassen Sie auch Teenager mal auf den Hintern fallen. Ich weiß, es juckt einem in den Fingern, sie an irgendwas zu erinnern oder den doofen Kakao doch selber zu kaufen, aber machen Sie es nicht.

Manche Familien halten Familienkonferenzen ab. Wie spießig, meinen die einen. Sehr hilfreich, meinen die anderen, bei denen es funktioniert wie am Schnürchen.

„Einmal pro Woche setzen wir uns zusammen. Wir kochen abwechselnd unsere Lieblingsgerichte. Dann kommt alles auf den Tisch, was uns nervt, was anders gemacht werden soll. Nicht nur Kritik, sondern auch Lob. Das ist enorm wichtig", so eine Mutter von drei Kindern. Klingt ein wenig nach Stuhlkreis, scheint aber zu funktionieren.

„Vieles spielt sich ein", nickt der Vater. „Ich selbst habe übrigens auch gemerkt, dass ich mich mal überwinden muss, meinen Kram wegzuräumen. Es ist ja viel bequemer, alles stehen zu lassen, bis jemand kommt, der es wegräumt. Oder die Sache mit der Wäsche, da merke ich auch, dass es mich nervt, dass ich die vorsortieren soll. Andererseits ist es normal, dass man das macht, denn sonst mache ich ja dem, der für die Wäsche zuständig ist, noch mehr Arbeit und bin weiterhin kein gutes Vorbild für unsere Kinder."

„Was das gemeinsame Essen betrifft, da sind wir übrigens nicht so hinterher wie das vielleicht in anderen Familien so ist", erklärt die Mutter. „Das liegt daran, dass wir zu absolut unterschiedlichen Zeiten nach Hause kommen. Nur zum Frühstück sind wir alle da und das ist ein Muss. Gefrühstückt wird zusammen. Und auch sonst wird in der Küche gefrühstückt und nirgendwo sonst. Und am Wochenende brunchen wir. Ab 11 Uhr gibt's dann Essen. Das zieht sich dann gern mal bis in den Nachmittag hinein. Und es ist richtig klasse, wenn wir alle stundenlang in Schlafanzügen da sitzen und reden. Was wir dabei auch gemerkt haben: Die Kinder fühlen sich bei so einem lockeren Beisammensein überhaupt nicht mehr ausgehorcht, wenn wir sie fragen, wie die Woche so war. Das hat ja auch sein Gutes."

Monster unterm Bett?

Doch schalten wir um auf das leidige Kernthema der Pubertät: *Wie kriegen wir die Blagen dazu, dass sie ihre Zimmer chaosfrei halten?*

Eine Therapeutin riet mir: „Es ist das Zimmer der Kinder und damit unser Problem, wenn wir uns daran stören, dass es aussieht, als hätte eine Bombe eingeschlagen.“ Gehen wir einfach nicht mehr rein.

Einfacher gesagt als getan, ich weiß, deswegen hier ein paar kleine Regeln, die Sie mit Ihrem Nachwuchs absprechen könnten (wie gesagt, Regeln sind nicht immer sinnvoll, aber in diesen Fällen – behaupte ich jetzt einfach mal – immer):

1. Es muss immer noch genügend Geschirr im Schrank sein, dass andere Familienmitglieder nicht mit den Fingern essen müssen. Verschlepptes Geschirr wird nicht als Aussteuer unterm Bett gehortet, sondern zeitnah in die Küche zurück gebracht.
2. Essensreste werden in die Küche gebracht und damit meine ich, dass Essenreste in die Küche gebracht werden. Anders ausgedrückt: Essensreste in die Küche, oder es passiert was! Nicht nur einmal habe ich von Maden oder lustigen anderen Tierchen gehört, die da plötzlich auftauchen, UND ICH WILL AUCH GAR NICHTS ÜBER DIESE TIERCHEN WISSEN!
3. Eine Pizza heißt nicht „Vier Jahreszeiten“, weil sie so lange im Zimmer herumliegen darf.
4. Papa hat sich gefreut, dass er seine verlorene Einlegesohle unter deinem Bett wiedergefunden hat. Während einer Konferenz, in der alle von ihm abrückten, stellte er fest, dass es bloß ein auseinandergelaufenes Chicken McNugget war.

5. Es gibt keine Monster unter dem Bett. Da liegen jetzt lauter leere Pfandflaschen. Anscheinend wurde ein Getränkehandel aufgemacht.
6. Das Zimmer wird hin und wieder gelüftet, wobei hin und wieder mehrfach im Jahr bezeichnet. Ich möchte nicht gefragt werden, ob Forscher in deinem Zimmer chemische Versuche machen dürfen. Ich möchte nicht, dass dort getestet wird, ob Bettwanzen Asthma bekommen können.
7. Pfandflaschen sind kein Problem. Lass sie ruhig liegen, auch wenn die Cola drin verschimmelt. Ich habe deinem Bruder gesagt, wenn er sie alle einsammelt, kann er sich eine Playstation kaufen. Und du nicht.
8. Die Porzellankatze von Oma ist nicht aus Asien. Sie winkt nur, weil sie keine Luft in der stickigen Räuberhöhle bekommt. Ach ja, und die Bettwanzen leiden unter Asthma. Sie werden nächste Woche zur Kur nach Norderney umgesiedelt.
9. Kein Obst unterm Bett. Ameisen sind nicht auf zweispurige Ameisenstraßen vorbereitet.

Lassen wir sie in Ruhe in ihrem Zimmer Chaos veranstalten. Sobald der Teenie das Haus verlässt, rennen wir allerdings ins Zimmer, um zu lüften, zu lüften, zu lüften. Er macht es ja nicht. Er macht es ja nicht. Macht. Es. Nicht. Druck hilft da auch nichts. Höchstens der Druck, den Sie auf die Zimmertür ausüben müssen, um sie aufzukriegen.

Wir sind nun mal älter und unsere Vorstellung von Ordnung eine andere. Und nochmal anders als die unserer Eltern. Mein Vater urteilte über mein unaufgeräumtes Zimmer: „Damals war kein Durchkommen mehr. Wir haben aufgegeben.“ Man könnte meinen, er redet über Stalingrad.

Gerade letztes Wochenende war es wieder Thema. Meine Eltern waren bei uns zu Besuch. Meine Mutter: „Den Tisch decken wir aber anders.“ Mein Vater: „Den Garten hast du aber nicht im Griff, das ist ja alles Kraut und Rüben.“ Aber die Enkelkinder sind toll und prima Menschen.

„Ach, lass sie doch“, ist ein Satz, den wir bei diesen Besuchen oft hören. Also bleiben wir gelassen, ignorieren das Chaos in den Zimmern unserer pubertierenden Kinder und machen uns immer wieder aufs Neue bewusst, dass auch in ihrem Kopf gerade Chaos herrscht. Ihr Zimmer ist ihr Rückszugsort, ihre Privatsphäre, die sie brauchen. Sie selbst bestimmen den Zeitpunkt, wenn sie alles neu ordnen wollen, im Zimmer und im Kopf. Beides kann phasenweise wirr ausschauen.

Nele sagte letztens zu ihrer Mutter: „Mein Zimmer ist für euch jetzt geheim!“ Woraufhin die Mutter nur meinte: „Von mir aus. Nur würde ich das Geheimnis gerne mal lüften.“

Und keinen Gefallen tun wir ihnen, wenn wir „mal schön aufräumen, damit du wieder alles gut findest.“

Ganz im Ernst: Wenn wir uns unseren Haushalt anschauen – nichts ist unwichtiger als das (Kinder-) Zimmer. Nur bitte keine Essens- und Getränkereste und keine lebenden Teller. Dann können wir hier in Ruhe und Frieden miteinander leben.

Entschuldigen Sie, ich habe mich verschrieben. Wir KÖNNTEN in Ruhe und Frieden leben. *Aber da sind ja noch die Geschwister.* Womit wir beim nächsten Familienthema wären.

Sie küssten und sie schlugen sich

Geschwister sind untereinander ja oft wie dieses berühmte Paar von Hund und Katze, wobei ich nie verstanden habe, warum die sich nicht verstehen sollten. Die Hunde und Katzen, die ich kenne, kommen gut miteinander klar. Es kommt wohl drauf an, wie man mit Hund und Katze umgeht – ob man sie aufhetzt oder ihnen beweist, dass man sehr gut zusammen leben kann, ohne sich die Augen auszukratzen. Ist mit den Kindern das Gleiche.

Erst mal: Streit zwischen Geschwistern ist vollkommen in Ordnung, ja, sogar notwendig. So lernen die Kinder ihre eigenen Emotionen kennen und erlernen, mit denen der anderen umzugehen. Als Eltern sollten wir darauf achten, dass es nicht aus dem Ruder läuft. Also – was können wir dafür tun, dass aus einer normalen, gesunden Geschwisterrivalität und aus den „Ich bin besser, du bist schlechter"-Kämpfen nicht dauerhafter Hass entsteht?

Ich habe hier die, wichtigsten Punkte zusammengefasst:

1. Solange wie möglich NICHT einmischen. Erst eingreifen, wenn tatsächlich körperlicher Schaden droht oder wenn ein Kind sich nicht mehr wehren kann.

2. Die Kinder nie vergleichen! Wenn Eltern ständig schauen, wer was besser kann und das noch betonen, heizen sie die Kämpfe unnötig an und stacheln die Kinder gegeneinander auf, so dass ein eigenes Austesten und Reagieren auf Emotionen kaum möglich ist. Schlimmer noch ist es, wenn Kinder gegeneinander ausgespielt werden.
3. Anti-Streit-Regeln aufstellen! Keine Kabbeleien und kein Streit beim Essen zum Beispiel. (Was nicht einfach ist, weil jeder das beste Stück Fleisch möchte.
4. Sich zur Not ganz aus dem Weg gehen und sich in Ruhe lassen. Respekt walten lassen.
5. Eigene Emotionen zeigen. Ihren Kindern klar zeigen, dass Sie ihr Theater nervt und manchmal wütend macht. Oder erklären, dass es Sie traurig macht, wenn sich die Kinder gegenseitig ständig ärgern. Also es ihnen genau auf diese Weise mitteilen. Die Elternliebe wird dadurch nicht in Frage gestellt, ganz im Gegenteil.
6. Schläge, Beleidigungen, herablassendes Verhalten, sich über die Kinder lustig machen oder über sie herziehen ist natürlich tabu!

Kinder können ruhig bemerken, dass sie sich nicht alles erlauben sollten, dass sie ihren Eltern dadurch Kummer bereiten. Völlig klar, dass man die Kinder erst mal beobachten sollte und nicht gleich wie die Oberglucke dazwischen geht.

Natürlich können äußere Umstände daran schuld sein, dass es Zwist und Unstimmigkeiten gibt – zum Beispiel, wenn die Privatsphäre zu kurz kommt. Die

Jungs unserer Nachbarn sind 15 Monate auseinander. Manchmal treffe ich Rüdiger, so heißt der Nachbar, im Treppenhaus. Je älter die Söhne wurden, desto mehr wurde er selbst ein Schatten seiner selbst.

> „Sie müssen sich ein Zimmer teilen", klagte er neulich bei einem Bier, das ich ihm mitleidig spendierte. „Ich halte es nicht mehr aus. Früher war es kein Problem, da wollten sie sogar in einem Bett schlafen, aus Angst vorm schwarzen Mann. Heute wünsche ich mir fast, der schwarze Mann würde kommen und sie mitnehmen. Sie schreien sich nur an und alles, was der andere tut, ist furchtbar und entsetzlich, egal was. Der guckt mich so an. Der atmet so laut. Der macht die Augen nicht zu. Der redet im Schlaf. Der nimmt mir meine Stifte weg. Der hat mein Buch versteckt. Ich hasse ihn. Ich hasse ihn auch. So geht das den ganzen Tag. Meine Frau und ich opfern jetzt unser Schlafzimmer, damit jeder ein eigenes Zimmer hat und schlafen selbst im Wohnzimmer."

Ich fürchte, die Probleme sind damit nicht beendet. So lernen Rüdigers Kinder, dass sie sich überhaupt nicht ändern, keine Rücksicht nehmen müssen. Ich wette, das geht auch weiter, wenn beide ihre eigenen Zimmer haben, dann eben in der Küche oder im Bad. Der hat mein Nutellabrot, der hat meine Zahnbürste, der hat dies, der hat das, der hat, der hat, der hat.

Geschwister müssen sich nicht lieben – aber sich zu respektieren ist möglich! Unterstützen Sie, dass

Kinder Dinge unter sich regeln und treten Sie höchstens als Mediator auf. (Und wenn das nichts nützt, dann ziehen Sie eben aus. Sollen die doch sehen, wie sie klarkommen.)

Wenn es ganz dicke kommt, sorgen Sie für Abstand, lassen Sie sie zur Ruhe kommen und dann wird sich hingesetzt und geredet. Auch bei solchen Gesprächen achten Sie bitte drauf, dass Sie Ihre Kinder nicht vergleichen. Jeder Mensch ist verschieden und insbesondere während der Pubertät werden diese Unterschiede noch verstärkt. Teenager brauchen diese Abgrenzung, um ihren eigenen Platz in der Welt zu finden. Bitte vermeiden Sie Sätze wie: „Deine Schwester schafft es doch auch, für die Schule zu lernen, ohne auf die Treffen mit ihren Freundinnen zu verzichten." Für jeden einzelnen Jugendlichen ist seine eigene Situation immer ein Sonderfall.

Lügen haben kurze Beine

Kein Sonderfall, sondern ganz normal ist auch, dass jeder mal lügt, auch Ihr Kind. Bitte machen Sie nicht gleich ein Drama daraus, aber natürlich dürfen Sie sich die Frage stellen: *Warum lügt mein Kind, was kann ich machen?*

Sind Sie zu streng, sind Regeln zu streng, gibt es ein oder mehrere Probleme? Oder war es schlicht bequemer, zu lügen, als die Wahrheit zu sagen, weil die ja oft mal unangenehm ist. Bei schlechten Noten zum Beispiel. Bevor Sie Ihr Kind zur Rechenschaft ziehen, fragen Sie sich erst mal selbst, warum es gelogen haben könnte.

Gebe ich meinem Kind das Gefühl, dass es wirklich mit allem zu mir kommen kann? Im Moment wohl nicht, müssen Sie sich eingestehen. Fragen Sie sich weiter: Ist es vielleicht doch eher so, dass ich unterschwellig meine eingefahrene Meinung habe und mein Kind gar keine Chance hat, zu mir ehrlich zu sein, weil es diese Meinung kennt? Bin ich zu verbissen, zu ehrgeizig, denke ich, ohne Abi ist mein Kind nichts wert und vermittle ihm das auch? (Und ja: ich meine es doch nur gut!) Dann denkt mein Kind, es ist ohne Abi nichts wert, entwickelt Angst und fängt an zu lügen.

Deshalb: Kinder sollen sich darauf verlassen können, dass ihnen zugehört und geholfen wird. Gespräche nehmen den Druck. Beide „Parteien" fühlen sich danach besser.

Das große Fressen

Es gibt einfachere Dinge, als Kinder zu erziehen. Aber irgendwann, so sagt die Mär, kriegt man ja so viel zurück. Bis dahin dauert es allerdings noch und währenddessen kriegt man zum Dank noch die Haare vom Kopf gefressen.

Es ist nicht zu fassen, was junge Menschen im Alter zwischen 11 und 17 zu sich nehmen können. Es ist von außen fast unerträglich zu beobachten. Sie atmen einen ganzen Braten plus Knödel einfach so ein, vertilgen zehn Schokopuddings hintereinander und wenn andere Menschen zum Frühstück zwei Brötchen essen, verdrücken sie die Auslage einer ganzen Bäckerei und sehen dabei nicht glücklich, sondern panisch aus. Die nackte Angst, es könne nicht reichen, steht in ihren Augen.

Ich war damals nicht anders. Wenn ich meine Großeltern besuchte, hat meine Oma drei Kuchen gebacken und erst, nachdem sie die Meisenknödel abgehängt und versteckt hatte, durfte ich in den Garten.

Es ist so: Kinder im Wachstum fressen. Sie fressen, was das Zeug hält und da gibt es auch überhaupt keine Diskussion, ob das Wort fressen hier passend ist. Es passt.

Ein Bekannter von mir war in den 1980er-Jahren ab seinem 16. Lebensjahr im Internat. „Nur am ersten Abend gab es genug zu essen", erzählte er mir aufgewühlt. „Weil unsere Eltern dann angerufen und gefragt haben, was es gab. Ich weiß es noch wie heute: Steak mit Kartoffeln und Bohnen. Soviel man wollte. Natürlich hat man am Telefon gejubelt und war froh und hat gesagt, das Internat sei toll. Aber schon am nächsten Abend gab es Erbsensuppe. Für jeden einen Teller mit einer halben Bockwurst." Seine Stimme kippte an dieser Stelle. „Wir waren sechzehn", fuhr er stockend fort. „Wir haben jeden Tag Sport gemacht, stundenlang. Und dann eine halbe Wurst. Abends zwei Scheiben Graubrot mit viel zu harter Butter, die sich nicht streichen ließ. Wir hatten ständig Hunger.

Dauernd sind wir zum ‚Kochlöffel'. Der Besitzer hatte irgendwann einen goldenen Mercedes. Den haben wir finanziert."

Der Mann ist heute traumatisiert, mittlerweile 55 Jahre alt und wiegt 120 Kilo. Er isst zwanghaft, was er kriegen kann. „Ich bin im Wachstum", rechtfertigt er sich gerne. Wäre er noch 16, kein Problem. In der Pubertät verändert sich der Körper und braucht viel Nahrung.

Auch wenn die Jugendlichen immer Hunger haben, sollten Sie darauf achten, dass das Essen halbwegs ausgewogen ist. Kein Jugendlicher muss täglich Kalbsfilet oder Rouladen bekommen, kochen Sie so, wie es Ihr Geldbeutel erlaubt. An einem Gemüseeintopf ist übrigens noch niemand gestorben und da dürfen es gern auch mal sechs Teller sein. Mit einer ganzen Bockwurst.

Das Thema Gefräßigkeit in der Pubertät haken wir hiermit ab. Auch wenn ich noch weitere zehn Seiten darüber philosophieren könnte, es ist einfach nur ein großes Fressen.

Entleeren Sie Ihre Taschen, bitte

Leicht abzuhandeln ist ebenfalls das Thema Taschengeld. Halten Sie sich doch an die offizielle Taschengeld-Tabelle:

Sobald die Kinder dann mit Mitte 60 in Rente gehen, beziehen sie den dann gültigen Satz von 20,67 €. Kleiner Scherz.

Alter	Taschengeld
unter 6 Jahre	0,50 Euro pro Woche
6–7 Jahre	2,50 Euro pro Woche
7–8 Jahre	2,5 Euro pro Woche
8–9 Jahre	3,50 Euro pro Woche
10 Jahre	16 Euro pro Monat
11 Jahre	18 Euro pro Monat
12 Jahre	22 Euro pro Monat
13 Jahre	25 Euro pro Monat
14 Jahre	30 Euro pro Monat
15 Jahre	35 Euro pro Monat
16 Jahre	45 Euro pro Monat
17 Jahre	55 Euro pro Monat
18 Jahre	75 Euro

Diskutabel ist, was nun genau vom Taschengeld bezahlt wird. Natürlich nicht das Essen. Nach Absprache der Handyvertrag (weil die Eltern ja sowieso Panik schieben, Ihr Kind könne entführt werden und dann kein Guthaben mehr haben, um sich zu melden).

Möchten sich Jugendlichen selber um den Einkauf von Schulmaterial, Schuhen und Klamotten kümmern, würde ich das Taschengeld nicht aufstocken, sondern einen festen Betrag auf ein Konto einzahlen.

Huch, wie peinlich!

Zum Schluss des Kapitels noch das Thema, das alle Eltern trifft: Wir sind peinlich! Also für unsere Kinder, und zwar mega.

Dabei frage ich mich: Warum? Wir können doch zu großen Teilen wirklich behaupten: Wir haben in unserer Kindheit und Jugend nicht bloß rumgehangen und gechillt, wir haben was bewirkt. Jawohl.

Mein Freund Leo zeigte seinem Sohn letztens vor Stolz gebläht Fotos von früher: Er als Punk, Demo gegen irgendwas vorm Kölner Dom. Geballte Fäuste. Jubel! Und das alles mit der Kleinbildkamera festgehalten. Sagt der Sohn: „Häh, was schreit ihr da so, wart ihr sauer, weil ihr keine Pokémons gefunden habt?"

Ha! Früher wurden Steine geworfen und wir waren mittendrin. Heute ist doch alles viel lascher, da werden, wenn's hochkommt, Chiasamen verteilt. Und früher besetzten wir jahrelang Häuser (also ich nicht, aber ich kannte welche, die welche kannten, von denen die Bekannten mal in so einem Haus gucken waren), heute werden unsere Häuser besetzt – von unseren Kindern.

Das Kuriose ist: Den Kindern sind die Eltern zwar peinlich, aber je länger sie zu Hause wohnen, desto mehr ähneln sie sich.

Während eines Engagements auf einem Kreuzfahrtschiff lief mir eine sechsköpfige Familie über den Weg. Alle sechs trugen identische, signalrote Jack-Wolfskin-Jacken. Es tat in den Augen weh. Aber vielleicht hatten sie einen Onkel, der gerade Richtung Mond düste und ihnen vom Weltraum aus mal zuwinken wollte. Man weiß es nicht. Eins ist sicher: Hätten die sechs sich verlaufen und wären in einer Stierkampfarena gelandet, hätte der Stier sich gefreut und gedacht: Cool, heute gibt's Büfett.

Eine Studie vom Sinus-Institut für psychologische und sozialwissenschaftliche Forschung und Beratung belegt: Die Jugendlichen wollen in unsicheren Zeiten Sicherheit in ihrem Leben und gehen erst mal auf Kuschelkurs mit ihren Eltern. Aber keine Sorge: Sobald die Pubertät einsetzt, erfolgt die Abgrenzung – und der Nachwuchs zieht eine klare Schneise zwischen sich und den Erwachsenen.

Manchmal sieht man den Übergang. Nehmen wir die Familie mit den roten Jacken. Das älteste Kind sieht möglicherweise schon so aus, als ob es sich in dieser Jacke unwohl fühlt, als würde es quasi eine Zwangsjacke tragen. Ich wette, drei Wochen später ist die Jacke grün und von einer anderen Marke.

Auch sonst versuchen die Teenager, alles anders zu machen, sie wollen auch ein Stück weit provozieren (so wie eben früher die Punker, die Popper, die Freaks). Das Entsetzliche ist nur: Auch Eltern passen sich an, wollen jugendlich wirken und sind deswegen doppelt peinlich: Da hängt Papas Boxershorts halb aus der Jeans, die Sneakers (das Wort musste er erst noch lernen) sind nicht zugeschnürt und Mamas Rock ist kürzer, als es ihre Oberschenkel erlauben.

Eltern fühlen sich heute jünger denn je. Da trägt Mutti keine Kittelschürze mehr und Papi keine Hornbrille, es sei denn, er ist „Kreativer" in einer Werbeagentur oder sonstwo. Wir sollten uns klarmachen: So zu tun, als wären wir unsere eigenen Kinder, macht uns nicht jünger. Unser Job besteht auch nicht darin, der „beste Kumpel“ oder die „beste Freundin“ von Sohn und Tochter zu sein. Denn dafür haben sie ihren besten Kumpel und die beste Freundin.

Wir sollen Vorbild sein. Eltern eben. Das wollen Jugendliche auch. Und sie fordern zu Recht: von Vätern mehr Interesse, mehr Nähe, mehr Wertschätzung und von der Mutter: weniger Einmischung, weniger Bevormundung, weniger Fürsorge.

Es gab Zeiten, da hat man seine Eltern gesiezt und sprach nur nach Aufforderung. Damals gab es eine klare Abgrenzung zwischen Eltern und Kindern. Kinder hatten still zu sein und zu gehorchen. Früher gingen Eltern mit ihren Kindern vielleicht sonntags mal spazieren, um zu zeigen, dass sie eine gutbürgerliche Familie waren – oder um ihre Töchter unter die Haube zu bringen. In Hamburg zum Beispiel führten die Eltern ihre Jungfern, also die unverheirateten Töchtern, immer am Jungfernstieg aus. Und die Herren hielten nach einer Braut Ausschau. Aber sonst haben Eltern und Kinder nicht viel zusammen unternommen. Das Verhältnis war ein distanziertes.

Heute will jeder mit seinen Kindern befreundet sein, heute unternehmen die Generationen viel mehr zusammen. Heute sind sie sich so nah, dass man keine Grenze mehr ziehen kann. Da wird alles ausdiskutiert, zerredet bis zum Gehtnichtmehr, und keiner haut mehr auf den Tisch und sagt: „Ich bin dein Vater, so wird das jetzt gemacht!“

Noch dazu kommt, dass heutzutage viele Eltern nur noch ein Kind haben. Das wird dann in eine symbiotische Beziehung mit Vater und/oder Mutter gezwungen. Ist das Kind irgendwann ausgezogen, muss es jeden Abend mit den Eltern skypen, weil es Angst hat, dass die nicht mehr alleine zurechtkommen. So wird Erziehung auf den Kopf gestellt.

Sehen Sie sich nicht mit Ihren Kindern auf einer Ebene. Sie sind die Eltern. Sie haben eine Funktion zu erfüllen.

Ich beobachte öfter, dass Mütter die gleichen Klamotten wie ihre Töchter tragen, die gleiche Musik hören und in der Jugendsprache reden, und das fühlt sich nicht richtig an. Eltern müssen nicht per se peinlich rüberkommen. Sie werfen sich nur selbst hin und wieder in diese Rolle. Hier ein paar Beispiele, wie man es machen und nicht machen sollte:

Situation: Die 16-jährige Tochter bringt zum ersten Mal ihren Freund mit nach Hause und stellt ihn den Eltern vor.
So nicht: „Heyyyyy, du bist also der Tom. Cool. Bock auf ein Bier oder wollt ihr gleich was Härteres? Und immer schön an Kondome denken (zwinker)!"
Sondern so: „Hallo, ich bin XYZ, die Mutter von XYZ."

Situation: Der 15-jährige Sohn hockt mit seinem Freund im Zimmer und spielt irgendein Computerspiel.
So nicht: „Bumm, bäääämmm, das ist ja heftig. Weißt du noch früher, als du Angst vor Dinosaurieren hattest?"
Sondern so: Sie bleiben, wo Sie sind. Halten sich raus.

Situation: Ihre Tochter steht mit ihrer Freundin vorm Flurspiegel und überlegt, welche Schuhe sie heute Abend im Club anziehen soll.
So nicht: „Ihr seht mega aus, echt, ich wäre froh, wenn ich so 'ne BH-Größe hätte, ach, wisst ihr was, ich komm mit."
Sondern so: „Viel Spaß."

Situation: Sie treffen samstags beim Einkaufen auf eine Gruppe Freunde ihres Sohnes.
So nicht: „Ej, Jungs, wie cool, euch zu sehen, check it out, was macht ihr, chillen? Hey, rückt mal, ich corner mit euch. Und nachher FIFA, Alterrrrrr! " Ihre Frau führt sich zurecht alleinerziehend.
Sondern so: Sie gehen weiter.

Wenn man so gut wie nichts tut und die Klappe hält, macht man nicht viel falsch.

Und Folgendes sollte man im Beisein der pubertierenden Kinder unter allen Umständen vermeiden, sonst lösen wir Peinlichkeitsalarm aus:

- In der Öffentlichkeit (wenn zum Beispiel in der Fußgängerzone ein Peruaner Panflöte spielt) tanzen oder womöglich mitsingen.
- Das Zimmer betreten, wenn Freunde da sind und dabei noch angestrengt locker-fröhlich tun.
- Das Kind vor Klassenfahrten und vor versammelter Mannschaft küssen und seinen Schal fester binden.
- Dem Kind die vergessene Sporttasche oder ein Butterbrot in die Schule nachbringen.

- Beim Shoppen den Vorhang der Umkleide wegreißen und rufen: „Ich guck dir schon nichts weg, jetzt stell dich doch nicht so an!"
- Vor Freunden des pubertierenden Kindes sagen: „Ich hab dich so lieb, mein Gürkchen, mein Schnitzelkopf, ich bin deine Mampfelrabampfel."

> Einer Nachbarin ist der eigene Mann übrigens peinlich: „Er will unbedingt dazugehören und geht immer ins Zimmer, wenn mein Sohn mit Freunden an der Konsole spielt. Dann höre ich ihn: ‚Ey, ihr Checker, macht ihr 'nen Crash, ihr crazy People. Wollt ihr krass was trinken, Kakao ej'. Es ist so peinlich."

Kinder brauchen keine crazy Checker, sie brauchen Vorbilder. Und Eltern, die nicht über alles Bescheid wissen müssen und ihnen zeigen, dass sie nicht bei jedem Schritt kontrolliert werden. Dazu gehört auch, dass die Eltern den Teenies die Verantwortung für ihr Leben zu überlassen. Auch wenn sie mal scheitern. Gerade dann.

Bleiben Sie am Boden

Crazy-Checker-Eltern sind natürlich schlimm, aber genauso schlimm sind die Helikopter-Eltern. Meine Güte, gehen die einem auf den Sack. Letztens hörte ich eine Mutter ihrer Tochter hinterherrufen: „Meld dich bitte, wenn du angekommen bist", sagte das Mädchen: „Mama, ich geh zum Briefkasten." Wahre Geschichte.

Das Problem vieler Eltern ist, dass sie vor lauter Sorge nicht mehr richtig zuhören. Entspannen wir uns an dieser Stelle und horchen den Worten des Schweizer Pädagogen Johann Heinrich Pestalozzi, der empfahl: „Lache dreimal am Tage mit deinem Kind, dann geht es dir gut." Und da ist was dran.

Der Erziehungsberater Jan-Uwe Rogge rät, diesen unerfüllbaren Wunsch nach Perfektion über Bord zu werfen, und hat etwas gegen die, wie er sagt, „pädagogisch hyperaktiven Power-Eltern". Er rät, die Kinder so anzunehmen, wie sie sind.

„Erziehung ist zu einem Hochleistungssport geworden", regt er sich auf. „Das ist der falsche Weg. Man muss nicht immer alles im Griff haben. Viele von uns haben Dinge gemacht, von denen unsere Eltern bis heute nicht wissen, dass wir sie gemacht haben."

Heute haben die Mütter Schwierigkeiten, ihr Kind in der Kita abzugeben, ohne hinterher noch die Einrichtung wie ein Adler seinen Horst zu umkreisen. Und später wird es noch peinlicher.

Das Kind strebt weg, die Eltern klammern, sodass es durch diese beiden gegensätzlichen Kräfte zu Reibereien kommt – denn alles, was seine Unabhängigkeit in Frage stellen könnte, bringt den Jugendlichen auf die Palme. Deswegen will er nicht, dass ihm die Eltern in der Öffentlichkeit zu nahe kommen. In der Pubertät erlebt man zum ersten Mal das Gefühl der Privatheit und das wollen die Kinder schützen. Ihr Zimmer ist ihre Sphäre, da sind sie die Chefs. Auch wenn die Eltern die Miete bezahlen.

Das bedeutet jedoch nicht, dass sie mit ihren Eltern nichts zu tun haben wollen. Im Gegenteil. Obwohl sie sich von ihren Eltern distanzieren, sind diese trotzdem wichtige Vorbilder. Pubertierende lernen, in dem sie ihre Eltern beobachten. Ein simples Beispiel: Trinken Eltern häufig Alkohol, verbieten es aber ihrem Nachwuchs, können sie sich das Verbot auch gleich sparen.

Kapitelfazit: Wir alle lernen ein Leben lang, auch voneinander. Hören Sie Ihren Kindern zu, vertrauen Sie ihnen. Lassen wir unsere Kinder los, aber lassen wir sie nicht fallen. Denn sie brauchen uns, auch wenn wir peinlich sind.

Ehrlich jetzt, Alter. Ich hab volle Checkung!

7. KAPITEL

Chill meine Hobbys

Hobbys? Ihr pubertierendes Kind hat ein Hobby? Herzlichen Glückwunsch. Welches denn? Ach so, Chillen!

Ich dachte jetzt eher an diese Hobbys, die 1978 in den Brieffreundschaftsanzeigen der BRAVO standen. Hobbys, die teilweise an der frischen Luft stattfanden, was man den Inserenten auch ansah. So attraktive Menschen findet man heute nicht mehr. Oder?

Flotte Biene gesucht, die gern schreibt! Ich bin 16 Jahre alt und möchte einen Federkrieg mit Dir anfangen. Meine Hobbys sind Fußball, Popmusik und dufte Girls. Meine Adresse lautet: [redacted]

Habe nichts gegen ein späteres Kennenlernen! Welches Girl schreibt mir? Ihr solltet um die 18 sein. Meine Hobbys: Funken, Fußball und Briefmarken. Schreibt bitte mit Bild an: [redacted]

Irrer Boy sucht irre Mädchen zwecks lustigem Federkrieg! Wer von Euch hat Lust? Ihr solltet um die 14 Jahre alt sein. Meine Hobbys sind Abba, BCR und John Travolta. Außerdem mag ich Tanzen, Lesen und Blockflöte. Schreibt an: [redacted]

Kiss-Fan, 17 Jahre alt, wünscht sich Brieffreundin! Späteres Kennenlernen nicht ausgeschlossen. Meine Hobbys: Schießen, Schwimmen und Rockmusik. Jede Bildzuschrift wird beantwortet. [redacted]

Steinbock-Junge sucht duftes Mädchen zwecks Briefkontakt. Ich mag Blumen, Vögel und Musik aller Art. Jeder Brief in deutscher Sprache wird beantwortet. Würde mich [redacted] viele Zusendungen wahnsinnig freuen. [redacted]teres Kennenlernen ist nicht ausgeschlossen. [redacted]ss 1

Mädchen und Jungs! Ich bin 18 Jahre alt und suche viele verständnisvolle Briefpartner. Schreibt bitte mit Bild! Meine Hobbys: Pop-Musik und Handarbeit. Ingrid [redacted]

Waaas? „Meine Hobbys sind ABBA, Vögel und Blockflöten“? Ist das ein Code für irgendwas? Nein, so wahllos waren wir damals.

Unsere Kinder 2018 gehören wie wir mittlerweile zur Generation „bewusst“. Alles, was wir heute tun, tun wir bewusst: bewusst ernähren, bewusst Alkohol trinken („Kenn dein Limit!“), bewusst über den Markt gehen („Sind die Morcheln auch frisch?“), bewusst arbeiten („Nehmen Sie sich Auszeiten, hören Sie auf Ihren Körper!“), bewusst zur Schule gehen, bewusst lernen, bewusst mit den Freunden zusammen sein, bewusst Hobbys haben – und die bewusst betreiben. Einfach so etwas tun geht nicht mehr, hab ich das Gefühl.

Nehmen wir mal wieder die gute alte Zeit. Also früher.

„Norbi, Mittagessen!“

Polter, polter. Norbi kommt in die Küche.

„Was gibt's denn?“

„Hühnerfrikassee.“

„Lecker.“

„Was hast du heut noch vor?“

„Ich hab heut nur Mathe auf, hab ich gerade schon gemacht. Ich geh gleich mit Max und Jonas Fußball spielen, nachher wollen wir noch Schlittschuhlaufen und später hab ich noch Schwimmen. Ich komm dann mit dem letzten Bus. So um acht.“ (Bemerkung des Autors: Es ist Winter, um acht Uhr abends ist es im Stadtteil der Kleinstadt, in der Norbi wohnt, stockdunkel, weil um sechs die Bürgersteige hochgeklappt werden, und die Bushaltestelle befindet sich in einem tiefen, dunklen

Wald, durch den Norbi dann gehen muss, um nach Hause zu kommen.)

„Ist gut. Ich schmier dir ein Butterbrot und geb euch Äpfel mit."

„Danke, Mama."

Nehmen wir nun mal einen Sommertag im Jahre des Herren 2018:

„Max-Henry, kommst du bitte zum Essen hinab?"

Polter, polter.

„Was gibt's denn?"

„Bio-Hähnchenbrustfilet gewürfelt, mit nachhaltig angebauten Champignons, von glücklichen Singhalesen geernteter Naturreis, dazu einen ungespritzten Blattsalat mit etwas Balsamico-Essig."

„Ichchecknochmakurzwhatsappkommgleich."

„Was hast du heute noch vor?"

„Ben und Leon kommen vorbei, wir wollen im Garten Fußball spielen."

„Bei der Hitze? Fußball spielen im Garten? Nicht dass ihr einen Sonnenbrand bekommt. Crem dich bitte ein."

„Wir wollten vielleicht das alte Schwimmbecken aufstellen."

„Ihr wollt bei dreißig Grad ins Wasser? Nur wenn du den Neoprenanzug anziehst, Max-Henry. Es wäre mir fast lieber, ihr würdet World of Warcraft im Zimmer spielen."

Nun wird sich manch einer wundern, aber genau solch ein Gespräch habe ich mal mitbekommen. Solche Leute gibt's tatsächlich. Da will das Kind sich bewegen und die Helikopter-Eltern hindern es daran.

Glücklicherweise ist das die Ausnahme, aber Tatsache ist, dass die meisten Kinder nur noch Hobbys haben, die eigentlich gar keine Hobbys mehr sind und deswegen geben sie die auch meistens auf, wenn sie älter werden.

Spiel mir das Lied … mit der Blockflöte

Ich kenne beispielsweise niemanden, der mit sechzehn noch Blockflöte spielt. Die meisten Kinder spielen nur zu Weihnachten Blockflöte, weil sie im Anschluss die Geschenke auspacken und die Blockflöte in die Ecke feuern dürfen.

Noch schlimmer hat es allerdings meine Freundin Geli getroffen. Der Musikunterricht in der Schule war für sie ein Albtraum:

> „Unser Lehrer wollte uns unbedingt die Musik als *Lebenshobby* verkaufen. So nach dem Motto: Wer kein Instrument spielt, ist ein schlechter Mensch. Musik, so hat der Lehrer gesagt, fördert die Intelligenz und sensibilisiert die Empathie.
>
> Ich konnte das aber nicht. Ich war für alles zu blöd, noch nicht mal mit der Triangel konnte ich umgehen. Eigentlich musste man nur an einer bestimmten Musikstelle zweimal da drauf hauen, aber selbst das hab ich nicht hinbekommen. Auf eine Trommel konnte ich halbwegs rhythmisch schlagen, das klappte, aber ansonsten habe ich

versagt. Das einzige, was ich noch hinbekam, war ‚Kuckuck, Kuckuck, ruft's aus dem Wald' auf das Xylophon zu kloppen.

9 7 9 7 8 7 6 5 waren die Zahlen in der richtigen Reihenfolge, damit der Anfang des Kuckuck-Lieds stimmte. Ansonsten Fehlanzeige. Es gibt ja diese Zeit, in der die Eltern ihre Kinder unbedingt zwingen wollen, ein Instrument zu spielen, damit sie dann mit ihnen angeben können, nach dem Motto: ‚Mein Kind spielt Klarinette'. ‚Ich muss zum Konzert, mein Sohn hat ein Violinensolo'."

Da haben wir es wieder: Nicht die Kinder haben das Hobby, sondern die Eltern. Geben Sie Ihren Kindern die Möglichkeit, *bewusst* auf Hobbys zu verzichten, die gar nicht ihre Hobbys sind. Ein Hobby soll man gern verfolgen.

Schauen wir auf Wikipedia, um zu verstehen, was konkret mit Hobby bezeichnet wird:

Ein **Hobby** (deutscher *Plural: Hobbys) ist eine Freizeitbeschäftigung, die der Ausübende freiwillig und regelmäßig betreibt, die dem eigenen Vergnügen oder der Entspannung dient und zum eigenen Selbstbild beiträgt, also einen Teil seiner Identität darstellt. Das Wort „Hobby" ist vom englischen* hobby horse abgeleitet, das mit *„Steckenpferd" in beiden Bedeutungen – Kinderspielzeug und Freizeitbeschäftigung – übersetzt wird. Das hölzerne Steckenpferd trägt seinen Reiter nirgendwohin, weil es in den Händen gehalten wird, entsprechend erwirtschaftet das Hobby kein Einkommen und ist kein Beruf.*

Wie kriege ich nun meine Brut dazu, was Sinnvolles mit ihrer Freizeit anzufangen? Wenn wir nochmal auf musikalische Hobbys schauen, sorgen Sie dafür, dass es solche sind, von denen Ihre Kinder wirklich etwas haben.

Mein Onkel Fritz hat Blockflöte gelernt und ist dabei geblieben. Er hat nur einen einzigen Freund, mit dem er musizieren kann: Horst. Horst kann eigentlich nichts, außer „Mein Vater war ein Wandersmann" auf der Mundharmonika spielen. Beide werden in der Weihnachtszeit gern in Seniorenstifte eingeladen, um Weihnachtslieder vorzuspielen, während die alten Leute gütig schunkeln und mitsingen, und manchmal, wenn es Horst und Fritz überkommt, bringen sie spontan noch eine Jazz-Komponente in „O du fröhliche". Fritz geht dazu ein wenig in die Knie und reißt die Blockflöte so hoch wie ein Jazz-Trompeter in einer verqualmten Bar in New Orleans, da jubeln die Senioren kurz auf und drehen eine groovige Extrarunde mit ihren Rollatoren. Sonst passiert nicht so viel im Leben der beiden.

Und nun höre ich auf, über Blockflöten herzuziehen (ich gebe zu, ich bin blockflötentraumatisiert).

Hobbys – Fluch und Segen

Weil ich sehr oft unterwegs bin und nach meinen Auftritten gern noch mit meinen Besuchern quatsche, habe ich mich nach Hobbys umgehört. Ich nenne Ihnen jetzt im Folgenden ein paar Hobbys, die Sie sich für Ihr Kind überlegt haben *könnten*. Doch achten Sie darauf, was aus den Menschen, die diese Hobbys in ihrer Kindheit ausgeübt haben, heute geworden ist:

1. Hans M. aus Bernkastel-Kues, 43. Er war ein zierliches Kind und sehr gelenkig, deswegen hatte seine Oma sich in den Kopf gesetzt, dass Hansi beim *Ballett* angemeldet wurde. Da Hansi nicht nur zierlich, sondern auch sehr brav war, hat er nichts dagegen gesagt und musste fortan in einer engen weißen Hose herumhüpfen und Übungen an einer Stange machen. „Ich habe in den engen Hosen kaum Luft bekommen", sagte mir Hansi. „Nur etwas Gutes hatte diese Ballettzeit: Thrombose hatte bei mir keine Chance."
   Am peinlichsten war Hansi die Tatsache (er hatte in der Schule verheimlicht, dass er Ballett tanzen musste), dass das Mädchen, in das er verliebt war, bei einer Aufführung war und Hansi dabei beobachtete, wie er in der engen Anti-Thrombose-Hose vor der Hexe in *Hänsel und Gretel* davontanzen musste. Das Mädchen hat ihn danach nie mehr angeschaut und alle in der Schule haben darüber getuschelt. Glücklicherweise hat sich Hansi von seinem Trauma erholt und ist nun mit einer Frau verheiratet, deren Oma oder Uroma neben oder unter den Tschaikowskys in Wotkinsk gewohnt hat. Aus welchen Gründen auch immer bewundert sie Hansi für seine Ballettvergangenheit. So schließt sich der Kreis.
2. Franziska L., 37, aus Eutin, liebte schon immer *Pferde*. Obwohl es ein gefährlicher Sport ist, hat sie solange gequengelt, bis sie im Alter von sechs Jahren zum ersten Mal auf einem Pferd saß und Reiten lernen durfte. In dieser Zeit sind eine Menge Freundschaften entstanden, die auch heute noch bestehen. Auch Franziskas Tochter reitet und ist begeistert. „Sie fängt

jetzt mit Turnieren an“, erzählt Franziska. „Und ist sehr ehrgeizig. Ich fördere das, wo ich kann, auch wenn es finanziell ganz schön belastend ist. Aber zu sehen, wie sie begeistert ist und das über Jahre, und wie das Vereinsleben zusammenschweißt, das finde ich toll. So war es früher bei mir auch.“ Franziska ist eine sympathische, bodenständige Frau, die gern lacht, sehr extrovertiert ist – und ihr Mann sieht auch nett aus, kaum wie ein Pferd.

3. Roland G., 55, stammt von einer nordfriesischen Insel und musste in der *Trachtengruppe tanzen*, weil seine Mutter das so wollte. Weil er der einzige Junge war, der in einer Trachtengruppe tanzte, musste er sich als Mädchen verkleiden, weil es eine Mädchentrachtentanzgruppe war. Roland gilt heute als Sonderling, tanzt nicht mehr, sondern schnitzt aus Treibholz Trachtentanzpuppen, in die er Nadeln rammt. Seine sozialen Kontakte sind: keine.
4. Laszlo K., 50, ungarischer Abstammung, ist ein großer, kräftiger Mann, Typ Maximilian Schell in seinen besten Jahren, mit stahlblauen Augen und unglaublich schönen Händen. Das fanden seine Eltern auch und deswegen haben sie dafür gesorgt, dass er schon mit vier Jahren mit dem *Klavierspielen* anfing. Laszlo erlernte das Klavierspiel und ließ später die Frauenherzen reihenweise schmelzen. „Wenn man einer Frau etwas auf dem Klavier vorspielt und dann behauptet, es sei extra von mir für sie komponiert worden … gibt es etwas Romantischeres?“, hat mich Laszlo gefragt. „Wie toll, dass Sie komponieren können“, habe ich gesagt und ihn bewundernd angeschaut.

„Kann ich gar nicht“, hat er gesagt. „Ich habe mir einfach unbekannte Stücke rausgesucht und gespielt. Und behauptet, sie seien von mir.“

„Sind Sie verheiratet?“

„Nein“, sagte Laszlo. „Ich bin doch nicht bescheuert.“ Er fing an zu singen: „Ich brech die Herzen der stolzesten Frau’n, weil ich so stürmisch und so leidenschaftlich bin. Auch von mir!“

Alles klar.

Ihr Kind braucht ein Hobby, das ihm Spaß macht und keines, mit dem *Sie* sich brüsten können. Manches geht auch von selbst wieder vorbei. In der Freiwilligen Feuerwehr sind fast alle Stadtteiljungs, das „macht man halt so“ und dann hört man wieder auf. Schön, in jungen Jahren Gutes zu tun. Ein paar Ehrgeizige (oder die, die sonst einfach nicht wissen, was sie machen sollen) bleiben, die meisten suchen sich andere Hobbys. Oder haben die erste Freundin oder was auch immer.

Eine Bekannte von mir war in ihrer Jugend Betreuerin bei Konfirmandenfreizeiten, auch das ist eine Zeitlang okay. Wenn man allerdings für immer dabei bleibt, wird es merkwürdig.

Der Ball ist rund und das Spiel nimmt Ihr Leben in Beschlag

Fußball ist ein Hobby, da muss man als Eltern von Söhnen einfach durch. Fast jeder Junge wird irgendwann mal Fußball spielen und leider gehört es dazu, im Wechsel die versauten Teamklamotten zu waschen und zu Unzeiten am Sonntagmorgen aufzustehen, um in irgendein dämliches Dorf zu kullern, um dem Nachwuchs in der F-Jugend bei einem „enorm wichtigen“ Spiel zuzugucken. Bei Regen natürlich und bei drei Grad. Umgeben von hysterischen Fußballmüttern, die am Spielrand stehen und kreischen, während die Fußballväter fachsimpeln und dabei auch kreischen, während Thermoskannen die Runde machen und einem das Regenwasser in den Nacken läuft.

Auch das wird vorbei gehen. Die wenigsten Jungs, die mit Fußball anfangen, spielen irgendwann in der Bundesliga, allein weil sie erst die Schule fertigmachen. Aber Fußball ist ein Mannschaftssport, Teamfähigkeit und Zusammenhalt spielen eine große Rolle, deswegen ist Fußball okay.

Was ja seit einigen Jahren im Kommen ist, sind asiatische Kampfsportarten: Thaiboxen, Ju-Jutsu, Kung Fu, Taekwondo, Karate, Capoeira, Arnis. Hä? Arnis?! Arnis ist doch die kleinste Stadt Deutschlands. Ja, aber auch eine Kampfkunst auf den Philippinen. Zuerst wird der Kampf mit Waffen gelernt, dann erst mit der Hand. Durch ein ausgeklügeltes Training können bald beide Hände gleich geschickt verwendet werden. Hat man zusätzlich ein Ehrenamt beim Roten Kreuz inne, kann man sich bei einer Verletzung wunderbar selbst verarzten. Sie sehen, ich versuche, in allem das Positive zu erkennen.

Viele Hobbys finden nicht mehr auf Deutsch statt. Auf Englisch klingt alles cooler. Früher haben die jungen Menschen als Hobbys treuherzig Schwimmen, Malen, Reiten, Fußball und Feuerwehr angegeben. Heute machen sie Slalomkart, Slackline, Parkour,

Ropeskipping, Stuntscooter, Longboard, Pennyboard, Stand-up-Paddling, Dirtbiking.

Ich sagte mal: „Ist nichts gegen das, was ich mache."

„Was machst du?", fragten die Jugendlichen neugierig.

Ich sagte: „Long Rope Fishing."

„HÄ?" Allgemeines Staunen. Das kannten sie nicht.

„Na", sagte ich. „Ich gehe angeln."

„Ach."

Den Klopper aber bekam meine Freundin mit. In einem Restaurant an der Ostsee unterhielten sich zwei Frauen am Nebentisch, Typus „reiche Frau mit nix zu tun". Sagt die eine: „Wir kommen gerade vom Mushroom Searching am Strand."

„Wie toll", sagte die andere. „Ich hab meinem Sohn beim Sandcastle Building zugeschaut."

Kennen Sie auch solche Frauen, die ganz aufgeregt bei der Bank anrufen: „Da war eine Abbuchung aus Spanien! Ich war doch gar nicht in Spanien, wie kann das sein?"

„Wo waren Sie denn letzte Woche?"

„Na, auf Mallorca, aber doch nicht in Spanien."

Schlimmer Fall von Knowledge Missing.

Dann lege ich mich doch lieber bequem hin und mache Long Time Couching. Und träume von meiner Zeit beim Firefighting.

Zusammengefasst: Achten Sie darauf, dass Ihr Kind das Hobby aussucht und nicht sie. Und wenn's um das nächsten Level bei Candy Crush Soda Saga geht, dann ist das halt so. Druck verspüren die Teenies schon genug. Bitte nicht auch noch beim Hobby einmischen.

Wenn Begeisterung ansteckt – und wenn nicht

Kinder im Pubertätsalter muss man ein bisschen in den Hintern treten. Es mag spießig klingen, aber wenn es irgendwie geht, sollte ein Hobby draußen stattfinden. Es sollte mit Bewegung zu tun haben. Seien Sie clever. Heute sagt man nicht mehr: „Am Wochenende gehen wir alle wandern", sondern wir sagen: „Hey, Bock auf Chillen to go?"

Wenn sich Ihr Kind für etwas interessiert, fragen Sie nach und vor allen Dingen, loben Sie! Sie wissen: Pubertätszeit ist eine wahnsinnig wichtige Entwicklungszeit ist. Wir müssen loben, auch wenn es albern erscheint. Auf dem Verkehrsübungsplatz: „Papa, hab ich gut eingeparkt?"

„Auf jeden Fall. Wir können den Rest zum Bordstein ja laufen."

In der Küche: „Mama, Mama, ich habe einen Kuchen für dich gebacken."

„Ooooh, wunderbar. Und dann dachtest du, jetzt ist auch alles egal. Die Küche hat auch Hunger. Toll!"

Im Auto: „Papa, fahr doch mal schneller, hier ist Tempo hundert erlaubt."

„Ach so. Ja klar." Vater gibt Gas. „Klasse, dass du mitschaust."

„Äh … Die hundert war durchgestrichen."

Bling. Foto!

Wir freuen uns doch auch über ein Lob vom Chef. Und selbst wenn die Kinder so tun, als würde sie das nicht interessieren: Tut es sehr wohl.

Viele Eltern begehen den Fehler, gegen die Interessen ihrer Kinder zu sein, ohne überhaupt genau zu wissen, was diese sind. Nur weil es ein Hobby werden könnte, das Sie nicht kennen, muss es nicht verkehrt sein. Lassen Sie Ihr Kind entscheiden.

Gut. Wenn es um Freeclimbing oder Fallschirmspringen geht, kann man ihnen das verbieten, jedenfalls, bis sie achtzehn sind. Ansonsten bleiben Sie locker.

Zeigen Sie Ihrem Nachwuchs, dass sie für ihn da sind, dass auf Sie Verlass ist. Um es mal maritim auszudrücken: Ich bin dein Leuchtturm. Segeln musst du alleine. Aber ich helfe dir, sicher an Land zu kommen.

Es gibt diese Phase, in denen Kinder alles gern machen, was die Eltern vorschlagen: Portugiesisch lernen, Karate, Tennis. Aber plötzlich ist alles megakacke und sie wollen nur noch eins: chillen. Wenn es hochkommt, stellen sie im Krippenspiel noch drei Schafe dar, natürlich ohne Text, weil sie keinen Bock haben oder schüchtern sind. Später behaupten sie dann ganz cool: „Wir spielten das Schweigen der Lämmer."

Wegen der pubertären Stimmungsschwankungen können Hobbys, die eben noch supercool waren, von einer Sekunde auf die andere „schrecklich" sein. Oder umgekehrt werden wir feststellen, dass unsere Kinder plötzlich das gern machen wollen, was Marc, Jenny, Mia oder Alex machen. Also Steptanz, Yoga, Voltigieren, Aqua-Fitness. Das war vor zwei Wochen zwar noch „der letzte Scheiß", aber jetzt, weil es ja Marc,

Jenny, Mia oder Alex machen: „Voll Hammer. Läuft bei uns."

Auch Promis werden oft nachgeahmt und kopiert. Wer sich jedoch einmal die Sehnen gezerrt oder einen Fuß gebrochen hat, weil er Schuhe wie Lady Gaga tragen wollte, wird sich schnell nach anderen Vorbildern umschauen. Es gibt Promis, die es wert sind, dass man sich an ihnen orientiert. Der Dalai Lama zum Beispiel oder … mehr fällt mir jetzt auch nicht ein. Kind, stalk doch mal den Dalai Lama!

Ein Einsiedler an meiner Tafel

Reden wir nun über ein Problem, das alle Eltern dieser Welt haben. Wirklich alle: Es kommt der Tag, da möchten die Kinder ihr Zimmer nicht mehr verlassen. Und nicht nur das. Sie leben beziehungsweise vegetieren in diesen Zimmern vor sich hin. Auch im Sommer. Gerade im Sommer. Da wird auch über Hobbys nicht mehr gesprochen. Da wird, wenn man mal ganz ehrlich ist, überhaupt nicht mehr miteinander gesprochen.

Wenn Schule ist, geht es ja noch, da kommt ein muffiges Kind morgens hervorgekrochen, muffelt sich durchs Frühstück, geht in die Schule, kommt nachmittags heim und muffelt weiter im Zimmer vor sich hin.

Wenn man was sagt, wird man angeschnauzt, wenn man nichts sagt auch. Dann haben Sie kein Interesse bekundet und Ihr Kind links liegen lassen („Ich könnte sterben, es wäre dir egal."). Was Sie auch sagen, es wird das Falsche sein. Sagen Sie jetzt besser nichts. Halt, auch falsch! Und womöglich geschieht dies in einer Lautstärke, die man nicht mehr „Zimmerlautstärke" nennen mag. Apropos Zimmer.

Es ist dramatisch: Je heller es im Frühjahr draußen wird, desto länger sind sie in ihren Zimmern.

An den Wochenenden gern mal komplett. Also nur. Also ganz.

> „Irgendwann habe ich aufgegeben", erzählt mir eine Mutter. „Und mich dann auch geweigert, einen Fuß in den Raum zu setzen. Es wurde keine Bettwäsche gewechselt, nicht gelüftet, nichts. Ich dachte, Jonas muss das doch merken ... aber gar nichts hat er gemerkt. Nur manchmal kam er in die Küche geschlurft und hat sich was zu essen geholt. Aber dann plötzlich, interessierte er sich für ein Mädeln. Wir haben unseren Augen kaum getraut. Und einen Satz werde ich nie vergessen. Jonas kam zu mir und fragte: ‚Mama, wo steht denn der Staubsauger?' Da wusste ich, jetzt wird alles gut."

Auch Urlaube mit Pubertierenden sind aus Elternsicht eigentlich für die Katz. Freunde von mir waren mit ihren dreizehn- und vierzehnjährigen Töchtern im Urlaub. Die beiden Mädchen hingen nur auf dem Zimmer rum. Schliefen die ganze Zeit. Tag und Nacht. Irgendwann kamen sie aber doch mal raus und fragten: „Wie weit ist es vom Hotel zum Strand?" „Tja", sagte die Mutter, „das ist schon eine ganze Ecke, vom Harz ans Meer."

Regen Sie sich nicht auf. Es bringt ja doch nichts. Warum sollen unsere Teenies die Ferien so verbringen, wie wir es gerne wünschen? Das macht keinen Sinn. Schrauben wir unsere Erwartungshaltungen einfach gegen Null, dann ersparen wir uns jegliche Enttäuschung. Wenn Ihre Töchter im Urlaub nur schlafen, dann schauen Sie wenigstens, dass Sie was vom Urlaub haben. Machen Sie einfach das Beste draus. Für sich selbst!

Und ganz ehrlich: Wir wollen doch, dass unsere Kinder selbstbewusst werden, also müssen wir sie auch entscheiden lassen, ob sie nun im Hotelzimmer rumgammeln wollen oder eben nicht. Lassen wir sie, wo sie sind: drin. Wir Eltern haben die Vorstellung, dass der Urlaub perfekt sein muss. Immerhin haben wir dafür bezahlt, dass wir den Strand vorm Zimmer haben, also müssen wir jeden Tag zum Strand, auf geht's. Alles muss perfekt ausgenutzt werden. Das ist völliger Quatsch. Machen Sie doch im Urlaub bitte alle, was Sie wollen. Das gilt für Sie und Ihre Kinder.

Die können und sollen eigene Entscheidungen treffen und dass die uns manchmal einfach nicht passen, ist eben so. Herrje, dann verpennen sie eben die Tage. Nicht unser Problem.

Und wenn Sie Ihrem Sohn ein Dreigänge-Menü mit seinen Lieblingsspeisen gekocht haben und er herumnörgelt, dass er keinen Hunger hat und in seinem Zimmer verschwindet – gut. Dann essen Sie es eben selbst. So einfach ist das. Lassen Sie sich von Ihrer eigenen Erwartungshaltung nicht das Leben versauen. Halten Sie es mit diesem Satz: Habe Hoffnungen, aber niemals

Erwartungen, dann erlebst du vielleicht Wunder, aber niemals Enttäuschungen.

Andere leben lassen, wie sie wollen – das ist gar nicht so schwer. Man ändert sich nun mal. Früher, als die Kinder klein waren, haben wir viel miteinander unternommen, waren im Wald, auf dem Spielplatz, ihre Freunde waren da, die Bude war voll. Und wenn sie heute „chillen" wollen, stört mich das nicht. Sie haben das Recht dazu. Solange alles gut läuft und wir entspannt zusammen leben, ist es okay.

Carpe noctem: Jugendliche auf der Piste

Es wird eine Zeit kommen, da vegetieren die Kinder zwar tagsüber immer noch in ihren Zimmern vor sich hin, aber wollen abends die Sau rauslassen. Ab nun trauern Sie der Phase nach, als die Kinder doch nur in ihrem Zimmer sein wollten.

Aber plötzlich hat Ihr Nachwuchs neue Bekannte und Freunde und es ist Weggehzeit – und mit dieser Zeit und den neuen Freunden beginnt die „Alle-Zeit". Die kennen Sie nicht? Doch, kennen Sie:

1. Alle kriegen mehr Taschengeld.
2. Alle dürfen abends länger weg als ich.
3. Alle haben das neue iPhone.
4. Alle dürfen auf die Party von Sven.
5. Alle haben einen Computer.
6. Alle dürfen so lange fernsehen, wie sie wollen.
7. Alle dürfen Alkohol trinken.

8. Alle können so lange in dem Club bleiben, wie sie wollen.
9. Alle Eltern von meinen Freunden sind netter als ihr.
10. Alle gehen dahin.

Mit der Alle-Zeit kommt auch die Immer-Zeit. Kennen Sie auch:

1. Immer muss ich als erste/r gehen.
2. Immer soll ich lernen.
3. Immer soll ich zu Hause bleiben.
4. Immer soll ich aufhören, Playstation zu spielen.
5. Immer sagt ihr, ich soll früher ins Bett.
6. Immer sagst du nein.

Und so weiter. Das Alle- und das Immer-Argument sind die ultimativen Killer-Argumente eines jeden Teenies. Nie wieder ist der Gruppendruck, neudeutsch übrigens „peer pressure“, so hoch wie in der Teenagerzeit. Es ist eine Herausforderung. Nehmen Sie sie an. Wenn Sie diesen Druck nämlich ertragen, haben Sie Ihr Erziehungsziel bereits erreicht. Hallelujah.

Der US-Psychologe Phil McGraw schildert folgendes Beispiel: Sein Sohn wollte bis in die frühen Morgenstunden mit seinen Freunden auf die Piste. Die Eltern hingegen wollten, dass der Sohn spätestens um 22 Uhr in der Kiste liegt. Diskussion. Zirkus. Ja, auch in einem Psychologenhaushalt können die Fronten sich verhärten. Und auch in einem Psychologenhaushalt fällt der Satz: „Seid nicht so spießig, wir kommen dann schon irgendwie nach Hause.“ Oh, nein. Das ist keine Option, nicht bei den Profis.

McGraw hielt kurz inne und anstatt zu poltern, fragte er sich: Worum geht’s mir wirklich? Und, was ja auch wichtig ist: Worum geht’s meinem Sohn? Eltern möchten ihren Kindern ja nicht grundsätzlich das Leben beziehungsweise den Partyabend vermiesen. Und der Sohn möchte nicht, dass die Eltern sich daheim Sorgen machen, sondern er will einfach mit seinen Kumpels Zeit verbringen. Also überlegte McGraw: Wie kann man möglichst beiden Bedürfnissen gerecht werden? Und kam auf folgenden Vorschlag: Um Mitternacht muss sich der Sohn kurz per Handy melden, sagen, wo er ist und wie er nach Hause kommen wird.

Ich nenne solche Varianten familienintern den „dritten Weg“. Einer will A, der andere B, also muss die Variante C her, die für alle akzeptabel ist. In der Welt der Politik auch als Diplomatie bekannt. Versuchen Sie es mal.

Eine erste Orientierung für die Ausgehzeitenregelung kann beispielsweise so aussehen: Kinder ab 14 Jahren dürfen bis 22 Uhr wegleiben. Ab 15 bis 23 Uhr, ab 16 bis Mitternacht. Halten sich die Kinder an die Absprachen, kann man in Ausnahmefällen großzügiger sein. Oder man richtet sich nach dem Jugendschutzgesetz.

Auf privaten Partys bei Freunden dürfen Kinder und Jugendliche schon mal länger bleiben.

Die Frage „Wie kommt mein Kind nach Hause?“ muss natürlich geregelt sein. Ein „weißichdochjetztnochnicht“

oder „vielleichtmitdemoderdem“ genügt nicht. Hier muss ein Jugendlicher Absprachen treffen, einhalten und Verlässlichkeit beweisen.

Wenn ausgemacht ist, dass um die oder die Uhrzeit Schicht im Schacht ist, dann heißt es das auch. Da muss man vertrauen können. Anders geht es nicht. Wenn Sohn oder Tochter grundsätzlich zwei Stunden zu spät kommen, weil „es halt gerade noch so cool war und ALLE anderen durften auch so lange bleiben und das IMMER.“

Ehe Sie nun schäumen und sich Konsequenzen ausdenken, erkundigen Sie sich: Warum kommen die Kinder zu spät? Es kann auch nachvollziehbare Gründe haben. Dass ein Bus nicht mehr fährt. Dass ein Vater, der sie/ihn eigentlich mitnehmen wollte, einfach nicht kam. Dass Felix, in den unsere Tochter seit ein paar Wochen verknallt ist, auch noch länger da war und, und, und … drüber reden hilft und räumt Missverständnisse aus dem Weg.

Ohne dich schlaf ich heut' Nacht nicht ein …

Ich kenne keine Mutter, die ruhig schläft, bevor das Kind zu Hause ist. Man liegt da, hört das kleinste Geräusch, fährt hoch, sitzt kerzengerade im Bett. Irgendwo knackt was, Sie legen sich wieder hin, da war doch was, hustet da jemand? Wie spät ist es eigentlich? Ach je, noch zwei Stunden, bis sie zu Hause sein sollte, oh, bin ich müde, aber ich kann ja sowieso nicht einschlafen …

Freunde von mir sind sehr erfinderisch: „Mein Sohn hat immer Müsli-Schalen in seinem Zimmer herumstehen. Abends stelle ich sie so hin, dass er sie im Dunkeln beim Durchs-Zimmer-Laufen gegeneinanderstößt. Dann weiß ich: Er ist daheim! Das ist meine persönlich entspannendste Klangschalentherapie."

Eine Bekannte: „Sobald meine Tochter das Haus verlassen hat, verteile ich ihre herumliegenden Schuhe und Jacken im Flur. Wenn sie heimkommt, fliegt sie drüber – und ich weiß Bescheid. Und sie lernt gleich noch, dass man seine Jacken schön aufhängen sollte."

Mit meinen Eltern hatte ich seinerzeit eine Diskussion, die ich nie vergessen werde. Alle durften bis 2 Uhr auf der Party bleiben, nur ich sollte um 23 Uhr ins Bett.

„Aber ALLE dürfen länger“, habe ich gesagt. „Wir feiern doch in den Geburtstag rein!“

„Das ist mir egal“, antwortete mein Vater. „Wenn ich elf sage, meine ich elf.“

„Nun lass den Jungen doch“, hat meine Mutter ihm zugeredet. „Er muss mit reinfeiern. Es ist doch sein Geburtstag.“

Was unsere Kinder oft nicht kapieren: Dass wir uns Sorgen machen. Richtige, ernsthafte Sorgen, wenn sie nicht nach Hause kommen oder wir nicht wissen, wo sie gerade sind.

Man hört, dass der Schlüssel sich wie abgemacht um 1 Uhr in der Tür dreht, freut sich, ist dankbar, dass der Sohn sich an die Abmachung gehalten hat, will gerade erleichtert einschlafen, als man hört, wie der 17-jährige sich wieder davonschleicht! Daraufhin kann man die ganze Nacht nicht mehr schlafen, das Handy des Sohns ist ausgeschaltet und erst gegen zehn Uhr am nächsten Morgen trudelt er daheim ein. Bestens gelaunt und mit einem „Ich war doch um eins daheim, du hast nicht gesagt, dass ich danach nicht mehr wegdarf"-Spruch, der die Mutter fast zum Explodieren bringt.

Leider typisch für Teenager: Kein Abwägen, keine Vorstellung davon, welche Angst die Mutter ausgestanden hat. Dass die Mutter die ganze Nacht wach war und im Minutentakt auf seinem Handy angerufen hat und annahm, er liegt schwerverletzt in irgendeinem Graben, bringt sie an den Rand der Belastbarkeit, aber kümmert ihn wenig.

In dieser Phase brauchen Eltern Geduld und extrem starke Nerven, denn die Jugendlichen machen sich nicht klar, was sie mit ihrem Verhalten auslösen können. Andererseits müssen Eltern sich aber auch nicht verbiegen oder übertolerant verhalten. Jedes Kind muss kapieren, dass Eltern nicht nur für sie da sind und keine eigenen Bedürfnisse haben.

Viele Menschen mögen zum Beispiel nicht ständig Übernachtungsbesuch bei sich und das hat ihr Kind zu akzeptieren. Wenn Eltern nur um des lieben Friedens willen ständig nachgeben oder sich aus allem raushalten, entsteht beim Kind der Eindruck, dass ihnen alles egal ist und das Kind selbst den Eltern unter Umständen nicht so wichtig ist, sagt die Autorin Ulla Atzert. Es kommt vor, dass Jugendliche es sogar gut finden, wenn ihre Eltern ihnen sagen, dass sie sie noch zu jung für Sex halten und diese Bedenken auch begründen können – und dabei auch auf die Persönlichkeit des Kindes eingehen.

Wir Eltern müssen in dieser Phase allerdings auch konfliktfähig sein und bleiben. Wenn beispielsweise unser Teenager um Mitternacht noch nicht zu Hause ist, sollten wir mit dem Gedanken spielen, ihn direkt im Club abholen.

Das könnte richtig lustig werden. Vielleicht verkleiden wir uns für diesen Anlass ein bisschen: Als Cowboy in so einem Schuppen aufzutauchen oder mit einer Pippi-Langstrumpf-Perücke, das hat Effekt und verschafft garantierte Aufmerksamkeit (s. auch Kapitel 6 „Huch, wie peinlich!“).

Eine Freundin von mir hat ihren Kindern genau das angedroht und die wussten, wenn sie nicht pünktlich sind, zieht Mama das durch. Andererseits wussten sie deshalb auch, dass sie ihr nicht egal sind, dass sie sich wirklich mitten in der Nacht auf den Weg machen würde, aus Sorge um sie, ist doch rührend. Mein Vater hat meine Kumpels und mich in seiner Feinripp-Unterwäsche abgeholt. Das hat geholfen, auch wenn es keine Absicht war.

Klare Kante, Kümmern, Konsequenzen

Klare Regeln bieten Orientierung. Die Ansichten der Eltern sind wichtig – und die Kinder wissen, sie sind ihnen nicht egal. Sie wollen wahrgenommen und verstanden werden.

Das eine Extrem: Der 15-jährige Sohn findet es vielleicht im ersten Moment cool, wenn es seinen Eltern egal ist, wann er abends oder ob er überhaupt nach Hause kommt. Passiert das häufiger, so stimmt ihn dies eher traurig, denn er will seinen Eltern ja nicht gleichgültig sein.

Das andere Extrem: Zu starke, megastrenge Regeln. Dann macht er dicht, erzählt gar nichts mehr. Die Kommunikation kommt zum Erliegen, der Sohn entgleitet den Eltern. Das zu reparieren, dauert.

Der Kompromiss ist angeraten: lange Leine, wenige Regeln, aber die gelten!

Und wenn das nicht klappt, lautet die Konsequenzen vorerst: nix mehr mit Party. So einfach ist das.

Auch hier jedoch bitte diplomatisch vorgehen: Kommt der Herr Sohn zum dritten Mal zu spät nach Hause, nützt es nichts, seinem Ärger sofort Luft zu machen.

Schicken Sie Ihr Kind lieber ins Bett und sprechen mit ihm, wenn sich die Lage beruhigt hat. Jugendliche erzieht man nebenbei – beim Autofahren, Einkaufen oder Spazierengehen. Und sie merken auch erst an den durchgesetzten Konsequenzen, was es heißt, einen Fehler zu machen.

Nehmen wir Denise, 15. Sie feierte mit ihren Freunden ausgiebig Geburtstag. Ihr neues, teures Rad ließ sie unabgeschlossen an einem Baum stehen. Nach stundenlanger Party war sie hervorragend gelaunt und das Rad gestohlen. Selbstredend hatten die Eltern sie mehrfach beschworen, das Rad nicht unbeaufsichtigt zu lassen und immer an einem festen Gegenstand anzuschließen. Aber Denise hatte diesen Ratschlag wie so viele ignoriert und nun unangenehme Konsequenzen zu tragen: 1. Das Rad war weg und es gab kein neues. 2. Busfahren oder Laufen war nun angesagt. Unschön. Aber nötig. Sie wird draus lernen.

Der Neurologe und Kinderarzt Jay Giedd: „Teenager lernen nur aus Erfahrungen, auch wenn sie manchmal bitter sind. Bestrafungen obendrauf bringen wenig. Erfolgsversprechender ist es, Verständnis zu zeigen und darauf zu vertrauen, dass Denise aus dem Malheur die richtigen Schlüsse zieht. Wenn etwas verloren geht, das Geld kostet, sollte man sich in der Mitte einigen. Am Beispiel Fahrrad: erst mal ein bisschen Bus fahren lassen, dann ein gebrauchtes Rad kaufen, an dem sie sich auch beteiligen muss. Eine Strafe wie Handy abnehmen bringt hier gar nichts – und hat ja auch mit der Sache überhaupt nichts zu tun."

Wer auf dem Höhepunkt seiner Wut einen Streit vom Zaun bricht, zieht gegen den Pubertierenden ohnehin den Kürzeren. Das ist sinnlos vergeudete Zeit und kostet nur Nerven. Denn die Jugendlichen suchen den Streit, er ist wichtig, um sich zu orientieren. Erfahrungen zu machen und sich gegen Autoritäten zu behaupten. „Daran wachsen sie, sie lernen sich besser kennen", sagt der Therapeut Anton Flunger.

Wichtig ist, dass die Eltern ihren Prinzipien treu bleiben und sich dennoch gesprächsbereit zeigen.

Sich fürs Kind interessieren, es aber gleichzeitig nicht einengen. Ihm einen Vertrauensvorschuss geben und ihm etwas zutrauen. Das wirkt Wunder!

Und geben Sie Ihrem Kind immer wieder die Möglichkeit, ohne Gesichtsverlust Regelverletzungen zu korrigieren. Das alles ist nicht einfach. Aber sooo schlimm ist es auch wieder nicht. Es sind ja nur etwa acht Jahre, bis der große Umbau da oben im Kopf beendet ist.

Und sind die Kinder erst mal ausgezogen, dann wären Sie froh, wenn sie überhaupt nochmal heimkämen …

8. KAPITEL

Chill die Pubertät

Leitmotiv: „Liebe mich, wenn ich es am wenigsten verdiene, denn dann brauche ich es am meisten!“

Tun Sie mir einen Gefallen: Lesen Sie *nicht nur dieses Schlusskapitel.* Klar ist es bequemer, gleich zehn Kilo weniger zu haben, wer schätzt an einer Diät den Prozess des Abnehmens? Wer braucht Aha-Effekte, Selbstzweifel und das Eingeständnis, Fehler begangen zu haben? Darum geht es aber. Eine Pubertät lässt sich nicht in einem Fazit einfangen, es ist eine Reise. Tun Sie sich selbst den Gefallen und fangen Sie weiter vorne an, am besten ganz vorne.

Ich kann Ihnen nichts versprechen – vor allen Dingen kann ich Ihnen die Erziehung Ihrer Kinder und die Beziehung zu Ihren Kindern nicht abnehmen. Ich möchte Verständnis für die kleinen Biester wecken, wenigstens ein wenig. Meistens haben sie es nämlich verdient.

Und Sie? Was brauchen Sie? Vor allem eine große Portion Humor und Gelassenheit. Nehmen Sie sich selbst nicht allzu ernst. Seien Sie im richtigen Moment schlagfertig und nehmen Sie nicht alles persönlich. Wer schnell beleidigt ist, hat es in der Pubertät seiner Kinder schwer.

Denken Sie vor allem immer dran: Es geht vorbei, es geht vorbei, es geht vorbei. Es geht wirklich vorbei. Wann, weiß ich jetzt auch nicht genau, aber irgendwann geht es vorbei. Das ist doch eine Aussage. Und das kann ich Ihnen wirklich versprechen: Es geht vorbei!

Und dann waren sie dabei: Beim Erwachsenewerden ihres Kindes. Wahsinn. Sie sehen, hier kommt kein Einwurf. Ich meine das Ernst!

Flieg nicht so hoch, mein lieber Freund

In der Pubertät kommt es auf den angemessenen Input an. Werden Sie nicht zu diesen entsetzlichen Helikoptereltern, die ihre Kinder ständig überwachen und so nur deren Ängstlichkeit und Unselbstständigkeit fördern. Ihre Kinder sollen nicht zu merkwürdigen Nerds werden, die linkisch herumstehen und keinen geraden Satz sprechen können und beim Stolpern immer aufgefangen werden.

Schauen Sie sich untenstehende Situationen an und ich präsentiere Ihnen den Lerneffekt des Kindes, wenn sie *nicht* wie Helikoptereltern handeln:

Situation: Kind fährt mit dem Rad über eine Wurzel und fällt hin. Knie ist aufgeschürft.
Helikoptermutter: „Johannes, mein Gott, holt denn niemand einen Arzt! Sieht denn niemand, dass der Junge ver-blu-tet!"
Mutter: „Hier hast du ein Pflaster."
Kind: „Es tut weh."
Mutter: „Pass beim nächsten Mal besser auf."
Fazit: Kind wird aufpassen.

Situation: Kind läuft gegen eine Laterne, weil es dauernd aufs Smartphone glotzt. Handy fällt runter. Kaputt.

Helikoptervater: „Ich schreibe an die Stadtverwaltung. Die müssen die Laternen anders anbringen."
Vater: „Ich sag jetzt nichts."
Kind: „Jetzt habe ich kein Handy mehr."
Vater: „Das stimmt."
Fazit: Kind wird besser auf sein Handy aufpassen.

Situation: Kind kam zum dritten Mal unpünktlich nach Hause, obwohl eine feste Uhrzeit ausgemacht war.
Helikoptervater: „Das nächste Mal hole ich dich ab. Dann bist du auch nicht unpünktlich."
Vater: „Das war's. Die nächsten drei Wochenenden musst du gar nicht auf die Uhr schauen, weil du nämlich nicht weggehst."
Fazit: „Kind lernt, dass es sich an Uhrzeiten halten muss."

Situation: Kind schreibt eine Fünf in Mathe, weil es nicht, wie abgemacht, für die Arbeit gelernt hat.
Helikoptermutter: „Was für eine Frechheit vom Lehrer, die Kinder unvorbereitet eine Klassenarbeit schreiben zu lassen."
Kind: „Ich übernachte am Wochenende bei Basti."
Mutter: „Oh nein. Zu Basti hättest du gekonnt, wenn es mindestens eine Vier geworden wäre."
Fazit: Kind kapiert, dass Regeln gelten.

Situation: Kind zieht im Herbst zur Schule seine Sommerschuhe an. Es regnet und seine Füße sind nass, es friert den ganzen Morgen..
Helikoptermutter: Frechheit vom Lehrer, die Kinder mit nassen Füßen dasitzen zu lassen!

Mutter: Sagt gar nichts.
Fazit: Das Kind macht seine Erfahrungen selbst und zieht seine eigenen Schlüsse.

Anstatt um die Brut herumzuflattern wie eine hyperaktive Henne auf Ecstasy, sollten Eltern Vertrauen aufbauen, Absprachen treffen und auch konsequent sein, wenn etwas nicht funktioniert. Das A und O sind Verständnis und Kommunikation, auch wenn diese in bestimmten Phasen nur aus Grunzlauten besteht (nicht nur bei den Kindern übrigens, manchmal sind auch wir Eltern einfach fertig).

Um seine Kids nicht „müttertaub" zu machen, sollte man UNBEDINGT lange Monologe vermeiden. Sie hören eh nach dem ersten Satz nicht mehr zu. Und Sätze, die mit „Wie oft hab ich es dir denn schon gesagt …" oder „Wie oft muss ich es dir denn noch sagen …" anfangen, sind sowieso dämlich. Das ist Nervansägen von Elternseite. Völlig schwachsinnig. Als ob irgendein Kind darauf antworten würde: „Ja, bitte, ich denke, du musst es mir noch zweimal sagen."

Genauso doof wie dieses „Ich zähl jetzt bis drei" und dann nicht konsequent sein. Wer bis dreiundsiebzig zählt, ohne dass was passiert, hat sich bloßgestellt.

Also: kurze Sätze bilden, möglichst nur einen, jeder weitere ist völlig überflüssig. Einen einzigen Satz verstehen Jugendliche übrigens immer, selbst wenn er in minutenlangem Monolog fällt: „WLAN funktioniert nicht."

Typisch allerdings: Die Kinder flippen aus, weil das blöde Internet nicht funktioniert, aber wer ruft bei der Telekom an? Richtig. Mama ist zwar sonst echt nervig, aber dafür wird sie gebraucht.

Schaffen Sie Situationen, in denen entspannt Gespräche stattfinden können. Bekunden Sie ehrliches Interesse an der Welt Ihrer Kinder, lernen Sie sie kennen und versuchen Sie, sie zu verstehen. Das macht vieles einfacher.

In weiter Ferne, so nah

Am wichtigsten bleiben Respekt und jede Menge Liebe! Natürlich gibt es Reibung, dabei ist es wichtig, authentisch zu bleiben. Wenn ich mich ärgere, ärgere ich mich und zeige und sage das auch. Genauso respektiere ich die Gefühle meiner Kinder. Ich mache auch Fehler, bin mal schlecht gelaunt, hatte einen harten Tag. Es ist erträglich, sich mal doof behandelt zu fühlen, wenn man sich grundsätzlich geliebt, geborgen und angenommen fühlt.

Gibt es so was wie drei Goldene Regeln, wie man mit einem Teenie klarkommt?

Unser gesunder Menschenverstand diktiert uns Folgendes:

1. Vertrauen und loslassen
2. Verständnis haben
3. Kommunikation aufrechterhalten

Es ist wie so oft im Leben: Du erntest, was du gesät hast. Wie intensiv die Auseinandersetzungen in der Pubertät werden, hängt davon ab, wie man seine Kinder erzogen hat. Wer erst jetzt anfängt, konsequent zu sein und dem Kind Regeln aufzuerlegen, der wird es schwer haben.

Wir leben zusammen in getrennten Welten! Für ein paar Jahre ist das so. Mein Kind ist auf der Suche nach sich selbst, sucht seinen Weg – und es wäre schön, wenn es darauf keine Schmutzwäsche hinterließe.

Kinder wollen wahrgenommen, aber nicht kontrolliert werden!

Und Fehler können passieren, sie gehören dazu und es wäre utopisch, wenn man keine machte. Sie sind wichtig für die Weiterentwicklung und den Lerneffekt. Von seinen Kindern Fehlerlosigkeit zu verlangen, ist in gleichem Maße dumm wie egoistisch. Es zeigt, dass man nicht kompromissbereit ist und glaubt, selbst keine Fehler zu machen. Das ist Quatsch. Gibt es nicht. Punkt.

Viele Eltern werden von der Pubertät ihrer heranwachsenden Kinder völlig überrascht. Die Erinnerung an die eigene Jugendzeit steigt hoch. Auf einmal gehen einem Gedanken durch den Kopf, die jahrelang verschüttet waren: die erste Verliebtheit, der erste Kuss, dauernd müde, dauernd wach, dauernd was vergessen, dauernd Krach daheim … und Dinge fallen einem ein, an die man mal geglaubt hat.

Mit meiner guten Freundin Geli mache ich gern Listen dieser Art: „Dinge oder Aussagen, an die wir mal geglaubt haben.“

Geli notiert, was sie mit 14 geglaubt hat:

1. Dass Tom der Mann ist, den sie mal heiraten und mit dem sie fünf Kinder haben wird.
2. Dass ihr Opa ewig lebt.

3. Dass Spinat deswegen so gesund ist, weil da ganz viel Eisen drin ist.
4. Dass man ganz viel abnimmt, wenn man die Hollywood-Star-Diät macht und kiloweise frische Ananas isst.
5. Vierzigjährige sind alte Menschen.
6. Fünfzigjährige sind scheintot.
7. Meine Eltern hassen mich.
8. Auch wenn Nana wegzieht, werden wir für immer die besten Freundinnen bleiben.

Und das denkt Geli heute, mit 51, darüber:

1. Wer ist eigentlich Tom?
2. Ach Opa, es ist so traurig, dass du 1981 schon sterben musstest.
3. Spinat ist genauso gesund wie anderes Gemüse, die haben sich bei der Eisenmengenberechnung einfach mit dem Komma vertan hat und deswegen dem Spinat zehnmal mehr Eisen zugesprochen.
4. Dass man zwar abnimmt, wenn man weniger Kalorien zu sich nimmt, als man verbrennt, aber dass man von zu viel Ananas einen wunden Mund bekommt.
5. Vierzigjährige sind junge Menschen.
6. Fünfzigjährige sind so alt wie ich.
7. Meine Eltern lieben mich heute noch genauso wie vor zig Jahren.
8. Auch wenn Nana weggezogen ist, sind wir heute noch die besten Freundinnen.

Und das habe *ich* mit 15 früher geglaubt:

1.-8. Alles ist scheiße.

Heute weiß ich: Es ist nicht alles scheiße, nur 1.-4.

Ich war in der Pubertät ein eher negatives Kind und war muffelig und leicht beleidigt. Das hat sich mittlerweile zum Besseren gewandt. Heute bin ich euphorisch, extrovertiert und lache gern und viel. Meine Eltern haben mich trotzdem lieb, damals wie heute.

Bei meinem Freund Ansgar war es leider so, wie es nicht sein sollte: Seine Eltern waren vordergründig wahnsinnig offen für alles und auf dem „Ich verstehe dich, du"-Trip. Das Problem war nur, dass sie mit dem vermeintlichen Interesse ihr absolutes Desinteresse übertüncht haben.

Und das ist der größte Fehler, den Eltern machen können: gleichgültiges Gewährenlassen. Nur im Abarbeiten an vorgelebten elterlichen Modellen kann der Pubertierende diese prüfen und übernehmen – oder ablehnen. Dies geschieht nicht sofort und voller Einsicht, sondern vielmehr durch Kritik und Streit.

Pubertät ist eine Stimmungs-Achterbahn, widerstreitende Emotionen kennzeichnen diese Phase. Mal zu Tode betrübt, mal himmelhoch jauchzend, mal ganz Macho, Prinzessin, voller Starallüren, mal Pechmarie und Aschenbrödel, mal unendlich verliebt, mal allein gelassen mit sich und von der Welt. Von allem ist etwas dabei.

„Das ist ein blödes Alter", erzählt die 16-jährige Caroline. „Ich hab nur Stress mit der Familie, ecke überall an." Gabriele, 15 Jahre, ergänzt: „Mal lache ich tagelang, mal heule ich nur, weil ich mich so absolut hässlich finde. Nichts passt mir, meine Familie nicht, meine Kleidung, alles passt mir nicht."

Während der Pubertät nehmen Heranwachsende Abschied von vertrauten Strukturen – und zugleich haben sie noch keine neuen Sicherheiten, keine Regeln und Rituale, die ihnen Verlässlichkeit bieten. Pubertierende sind deshalb häufig orientierungslos – und erleben eine Zeit voll intensiver Gefühle.

Patrick, 15 Jahre, findet „diese Zeit" stark:„Du kannst machen, was du willst. Du kriegst immer Aufmerksamkeit. Verstehen tut mich keiner, aber das ist mir egal." Auch eine Einstellung.

So ist es nun mal in der Pubertät: Die Liebe zu uns Eltern macht Pause. Im Fernsehen würde man sagen: „Weiter geht es nach der Werbung!" Aber keine Angst: Die Liebe kommt später wieder. Diese Pause muss sein, denn unsere Kinder müssen sich abnabeln, sich kennenlernen, zum „Ich" reifen! Deshalb rebellieren sie, werden gemein und beleidigen uns.

Für uns Eltern ist das mit der Liebe in der Pubertät schwierig: Da müssen wir jemanden, den wir unendlich lieben, lernen loszulassen. Das ist grotesk und unlogisch! Nur so geht's aber!

Die Liebe hört ja nicht auf. Bei keiner der „Konfliktparteien".

Und wenn die Pubertät vorbei ist, strahlen unsere Kleinen wieder: „Mama, ich liebe dich! Ich bin zurück aus der Werbepause!"

Früher war alles … anders

Die Beziehung zwischen Eltern und ihren Kindern hat sich in den vergangenen Jahrzehnten sehr gewandelt. Diejenigen, die heute zwischen 40 und 50 Jahren alt sind, sind mit 20 ganz anders von zu Hause weg, als es nun ihre Kinder tun. Da spielt vieles zusammen:

Eltern und Kinder stehen sich viel näher als früher. Jeder will mit seinen Kindern befreundet sein, die Generationen verbringen viel mehr Zeit zusammen, zwischen Jung und Alt gibt es keine getrennten Welten mehr.

Geli, wir erinnern uns, 51, beschreibt ihre Jugend so:

1. Kinder saßen bei Einladungen grundsätzlich an einem Extratisch.
2. Waren bei Gelis Eltern Leute eingeladen, die keine Kinder mitbrachten, waren die Kinder gar nicht dabei, sondern haben früher gegessen und sind dann höchstens mal zum Gutenachtsagen ins verqualmte Wohnzimmer gekommen.
3. Kinder hatten still zu sein, wenn der Papa zu Hause war, denn Papa war müde von der Arbeit.
4. Kinder hatten überhaupt irgendwie immer still zu sein und vor allen Dingen: keine Widerrede geben, sie sollten gehorchen.
5. Die Kinder wurden versorgt. Mehr nicht.

Heute sehen sich viele Eltern mit ihren Kindern auf Augenhöhe. Man trägt die gleichen Klamotten, hört die gleiche Musik, bedient sich der Jugendsprache – bis hin zur Anbiederung. Ein Bekannter von mir nimmt alle Moden mit, aber das sieht nicht immer so toll aus. Allein seine Piercings: Der wird nicht dreckig, der rostet.

Jugendlichkeit ist das Ideal, dem man nacheifert, auch wenn man schon 50 oder 60 ist. Damit haben sich die Rollen verkehrt: Nicht mehr die Kinder sehen zu den Erwachsenen auf, sondern umgekehrt. Das Verhältnis bleibt dennoch asymmetrisch.

Wenn man an die Beziehung zu den Kindern dieselben Maßstäbe wie an eine Freundschaft anlegt, wird man viel Herzschmerz erleben. Zwischen Eltern und Kindern besteht ein grundlegend anderes Verhältnis. Freunde sucht man sich aus, Kinder – und Eltern – kann man nicht auswählen. Freundschaft besteht aus gleichwertigem Geben und Nehmen, das ist bei Eltern und Kindern mitnichten der Fall. Und wenn, dann stark zeitversetzt.

Eltern geben Unterstützung, solange sie können. Zurück bekommen sie diese im besten Fall im Alter. Was Kinder selbst an Gutem erfahren haben, geben sie in der Regel eher an ihre eigenen Kinder weiter.

Nehmen wir das Thema, sich beim anderen zu melden. Jeder, der in einem bestimmten Alter ist und Eltern hat, weiß, was ich meine. Es kommt der Sonntagnachmittag und somit die Verpflichtung, wenn „du schon nicht zum Essen kommst", „wenigstens mal anzurufen". Ich kenne kaum jemanden, der sonntags fröhlich rufend „es ist halb fünf, ich muss Mama anrufen, sonst ist sie sauer" zum Telefon saust.

Bei meinem Bekannten Roland ist es sogar so, dass – obwohl er anruft – ihm seine mittlerweile verwitwete

Mutter immer ein schlechtes Gewissen macht. Ihre meist recht kurzen Telefonate laufen zu 99 % gleich ab:

Mutter:

„Du könntest auch öfter mal anrufen."

„Du hast bestimmt nicht lange Zeit zum Telefonieren."

„Vorbeikommen könntest du auch wieder mal."

„Ich mach auch Sauerbraten, den hast du doch als Kind schon so gerne gegessen."

Sohn:

„Und was hast du heute gemacht?"

„Ich hab nur kurz Zeit, bin noch eingeladen."

„Im Moment ist im Büro sehr viel Stress."

„Ich esse kein Fleisch mehr."

Hier verkümmert Kommunikation zu Verpflichtung.

Ich habe den beiden empfohlen, mal was miteinander zu unternehmen, damit sie sich wieder annähern. Oft sind es ja Kleinigkeiten, die aneinander nerven. Ich weiß beispielsweise, dass die Mutter Roland schon früher immer ein schlechtes Gewissen gemacht hat, und zwar wenn sie alleine war, weil der Vater auf Dienstreise war. Da sollte Roland sie unterhalten und dauernd Karten mit ihr spielen. Roland rührt seitdem übrigens kein Kartenspiel mehr an, es ist ihm als nerviges Muss ins Gehirn gebrannt. Und nun ist der Vater tot und sie will wieder unterhalten werden. „Dann hat sie diesen beleidigten Ton in der Stimme, da mache ich sofort dicht", jammert Roland.

Die Mutter hat nie gelernt, loszulassen. Aber: Je mehr man die Kinder loslassen kann, desto eher kommen sie zu einem zurück. Auch der Widerstand ist geringer – so wäre es bestimmt auch bei Roland und seiner Mama.

Ich selbst versuche ganz bewusst, meinen Kindern in ihrem Handeln Freiheit zu lassen, auch wenn ich es nicht gutheiße. Je leichter mir das fällt, desto stressfreier ist unser Zusammenleben. Teenager reagieren allergisch auf Fremdbestimmung, denn sie wollen ihr Leben selbst in die Hand nehmen und an Entscheidungen auf Augenhöhe beteiligt sein.

„Das Moment des Widerspenstigen, Rebellischen, des gesteigerten Oppositionsgeistes der Pubertierenden wird in zwei Variationen zum Ausdruck gebracht", sagt Rolf Göppel von der Pädagogischen Hochschule Heidelberg. „Einmal durchaus im Sinne der kritischen Hinterfragung von Prinzipien, Regeln, Standpunkten, also im Sinne einer mutigen und notwendigen offenen Auseinandersetzung mit der Frage, wie gut die bestehenden Ordnungen und Einrichtungen begründet sind." Zum anderen würden Pubertierende auch eine gewisse Lust an der Provokation an den Tag legen, um Grenzen auszutesten, meint Göppel.

Wann, wenn nicht jetzt? In diesem Alter kann man noch mit Nachsicht rechnen, egal, ob man seine Umgebung mit seiner schlechten Laune nervt oder tatsächlich etwas anstellt.

Als Erwachsener geht man lieber auf Nummer sicher und verhält sich sozial verträglich.

Gebrauchsanleitung für einen Teenie

Klare Ansagen! Nicht rumeiern! So wie früher, als die Mütter sechs Kinder hatten und es auch geklappt hat. Weil es klappen musste. Punkt!

Die Kinder müssen selbst Verantwortung übernehmen und sich selbst organisieren. Das muss gelernt sein, vor allem wenn es lange jemand anderes übernommen hat! Von heute auf morgen geht das nicht. Sie als Eltern sollten allerdings immer für sie da sein und sie immer ernst nehmen! Verzichten Sie auf Anschuldigungen, Vorwürfe, Verallgemeinerungen!

Es sollte wenige Regeln geben und keine sollte in Stein gemeißelt sein. Vieles ergibt sich auch situativ bei anderen Ausgangslagen – beispielsweise alleinerziehend oder Familie. Auch wenn die Jugendlichen nicht immer Lust dazu haben, sollten einige Familienrituale aufrechterhalten werden, zum Beispiel das gemeinsame Abendessen. Sonntags Brunch! Im Prinzip freiwillig! Aber dann ausgemacht! Kein „ich bin sooo müde". Wobei auch hier Eltern Flexibilität zeigen können. Es kann ja zum Beispiel auch eine Mutter-Tochter-Brotzeit am späteren Abend sein, wenn beide an diesem Tag erst spät nach Hause kommen.

An dieser Stelle ein paar Sätze zu den Müttern. Besser: eine Art Hommage.

Wichtiger Einschub: Mutti ist die Beste!

Eine Mutter muss alles können, erahnen, machen und tun. Eine Mutter weiß nicht, was sie alles kann, bevor sie Mutter wird. Eine Mutter hat verschiedene Berufe inne, vornehmlich den der Zauberin.

Sonntagabend, 22 Uhr, der Tatort ist vorbei, man liegt noch gemütlich auf der Couch und denkt darüber nach, wie blöd das doch wieder war, weil man von

Minute zwei an wusste, wer der Mörder war. Da stürzt Ihr Teenie herein:

„Mama, ich brauche für morgen noch das und das …!"

Und dann muss gezaubert werden: Gern 12,75 Euro passend für die Klassenkasse, sehr gerne noch Schulutensilien. Selbstredend zur ersten Stunde. Eine Tankstelle in der Nähe bietet zum Glück seit Jahren Zirkel und Geodreieck an; der Besitzer hat sich jetzt ein Haus auf Sylt gekauft.

Eine Tochter von Nachbarn meinte um zehn Uhr abends: „Ich brauche für morgen eine Gedichtinterpretation vom Zauberlehrling und einen New York Cheesecake mit Fruchttopping!"

Was macht eine Mutter? Zaubern. Die Gedichtinterpretation trug allerdings den Titel: „Wie ich einen Kuchen herzauberte" und den Text zierte ein Fruchttopping.

Von den Ehrlich Mothers können die Ehrlich Brothers noch lernen! Sie sind auch Gedankenleser, denn auf die Frage „Wie war dein Tag in der Schule!" kommt nur die Antwort „Gut!"

Schauspieler sind sie auch. Steht der Nachwuchs gerne zu knapp für die Schule auf, deklamieren sie aus voller Brust: „Ob du das noch schaffst? Ob du noch rechtzeitig zu Unterrichtsbeginn da bist? O Gott, ich raste aus! Es ist ja schon so spät. Ich dreh durch!" Das führen sie vier Tage lang auf, am fünften Tag stehen die Kinder rechtzeitig fertig angezogen im Zimmer und beschwichtigen: „Chill mal, Mama! Das hält ja kein Mensch aus!"

Eine Mutter ist der Welt preiswerteste und zuverlässigste Taxifahrerin. Das Kind muss zur Schule und kriegt den Bus natürlich nicht … Mama fährt … Kind muss zum Training, Fahrradschlauch ist kaputt …

Mama fährt ... Mama holt ab ... Mama fährt ... Mama bringt ... So geht das jahrelang.

Mütter haben noch mehr Berufe: Hairstylist, Ernährungsberater, Buchhalter, Krankenschwester, Pausenclown, Katastrophenhelfer, Schiedsrichter, Telefonbuch ... es ist ja viel einfacher, Mama zu fragen, als sich selbst zu kümmern. Mama ist auch Frau Wikipedia und Miss Google, Fundbüro und Hellseher!

Manche machen Yoga zur Entspannung. Ich habe eine Mutter letztens gefragt: „Waren Sie schon mal im Baum?“ Sie sagte: „Nein! Meine Tochter bringt mich aber öfters auf die Palme!“

Ein Hoch auf alle Mütter!

Und wo wir schon beim 4. Gebot sind (Du sollst deinen Vater und deine Mutter ehren), offenbare ich Ihnen das 11. Gebot: Du sollst dein Kind falsche Entscheidungen treffen lassen!

Kinder dürfen falsch entscheiden

Wenn wir wollen, dass unsere Kinder eigenständige, selbstbewusste Menschen werden, dann müssen wir ihnen erlauben, selbst zu entscheiden. Sie lernen immer noch von uns, nur anders als bisher.

Pubertierende Teenager sind in vielem ungeschickt, was sie tun. Alles ist neu, alles ist anders, keiner hat ihnen was erklärt.

Auch wenn Sie Ihr Kind für den gesamten Zeitraum der Pubertät am liebsten in seinem Zimmer einschließen würden: Klammern bringt nichts. Der bzw. die Pubertierende braucht Freiraum, um den Prozess der

Identitätsfindung erfolgreich durchlaufen zu können. Lassen Sie Ihrem Kind also den dazu nötigen Freiraum – natürlich innerhalb der festgelegten Grenzen.

Kinder (und wir ebenso) lernen und meistern unser Leben mittels „Versuch und Irrtum“. Je eher, desto besser. Viele Tiere werden schon beinahe „fertig“ geboren, wir müssen erst noch fertig werden, ohne uns fertig zu machen und machen zu lassen.

Ein Wort zur Belastbarkeit von uns Eltern: Man sollte seine eigenen Werte, Gefühle und Grenzen nicht für seine Kinder opfern. Sonst wird man zu Recht irgendwann sauer, wenn es nur um die anderen geht und nie mehr um einen selbst. Und dann wird man vielleicht auch ungerecht, weil alles aus einem rausplatzt. Ich kenne nämlich viele Eltern, die wie tollwütige Hunde reagieren und einfach immer schneller ausrasten, weil sie keine Nerven mehr haben.

Machen Sie sich bitte, bitte klar: Es nützt null, wenn ich herumbrülle und/oder zynisch und giftig werde, sinnfreie Verbote schreie, Türen knalle und „Und das nach allem, was ich für dich getan habe“ zu kreischen. Es. Nützt. Nichts. Der Konflikt wird dadurch nicht behoben.

Ich empfehle in solchen Momenten ein Kissen, in das man bei Bedarf reinkreischen kann. Oder man geht eine Runde um den Block, um sich abzureagieren. Dabei kann man Falschparker aufschreiben, Leute anbrüllen, die den Fahrradweg in die falsche Richtung benutzen, sowie Hundehalter, die die Haufen nicht wegmachen. Vielleicht bekommt man sogar mit, dass eine Mutter mit ihrem Kind auf der Straße Streit bekommt und brüllt: „Und das nach allem, was ich für dich getan habe!“ – dann freuen Sie sich, dass Sie nicht so reagiert haben.

Zeigen Sie Souveränität und spielen Sie den ruhigen, überlegten Part! Dann wird Ihrem Kind bald die Lust auf Provokationen vergehen.

Eltern sein heißt also nicht „ich gebe mich auf". Man sollte auch immer noch Zeit für sich und den Partner finden, um sich als Paar nicht zu verlieren.

Was sind „gute" Eltern?

Die üben, ihr Kind loszulassen. Sie können auf Augenhöhe kommunizieren und akzeptieren, dass ihr Kind erwachsen wird.

Die weiterhin Grenzen setzen, um ihre eigenen Ideale auch weiterzugeben – aber im Dialog und mit Diskussionen. Eltern sollten in die Rolle von Sparrings-Partnern schlüpfen, also maximalen Widerstand leisten und minimalen Schaden anrichten.

Die den Teenager selbst Verantwortung für sein Handeln übernehmen lassen. Seien Sie aufmerksam, bleiben Sie in Beziehung und vertrauen Sie darauf, was Sie in den letzten Jahren so vorgelebt und an Erziehungsarbeit geleistet haben. Die Kinder einfach mal machen lassen: „Besorg dir ein Praktikum, mach ein soziales Jahr oder was Ehrenamtliches, schau dir die Uni in Frankfurt an oder überlege dir, auf was du wirklich Lust hast".

Die im Dialog bleiben und Hilfe anbieten! Die es im Gefühl haben, wann der Teenie Ruhe braucht, aber auch Hilfe und Rat benötigt! Es gibt immer wieder Momente, in denen Jugendliche aufnahme- und gesprächsbereit sind. Diese gilt es zu erkennen. Von nun an ist es wichtig, dass Eltern mehr von sich selbst preisgeben – Gedanken,

Gefühle, kleine Erlebnisse, Meinungen und Ansichten über das Leben und die Welt.

Die ihre Kinder ernst nehmen! Selbst wenn das Problem in ihren Augen ein Fliegenschiss ist!

„Stellen Sie sich vor, dass in der Pubertät alle Stecker schlagartig gezogen werden. Und es dauert im Schnitt vier Jahre, bis das Gehirn wieder fertig eingestöpselt ist“, sagt die Psychologin Angela Brinkmann.

„Pubertierende fühlen anders als Erwachsene. Sie reagieren nur aus dem Bauch, Erwachsene eher aus dem Kopf.“

Ewig gültige Regeln

- Mehr loben als tadeln! Teenager lernen besser durch Motivation als durch Strafe und Verbote. Bestrafungen wirken sie sich destruktiv auf das Kind und die Beziehung zu ihm aus. Wer nur meckert, verliert sogar Autorität.
- Keinen Streit persönlich nehmen. Tief durchatmen! Chaos im Kopf des Kindes akzeptieren. Das Kind ist doch selbst ganz durcheinander.
- Sich den Kinder nicht aufdrängen. Andererseits Interesse zeigen, damit sie nicht denken, sie sind den Eltern egal.
- Begleiten heißt nicht stalken. Schnüffeln ist tabu, es sei denn, es besteht die begründete Annahme, dass Drogen, Alkohol oder kriminelle Aktivitäten im Spiel sind.
- Wenige Baustellen problematisieren, die dann aber richtig. Meint: Eltern sollten nicht auf allen Gebieten

Auseinandersetzungen austragen. Wählen Sie den Bereich, in dem Ihnen die Konflikte *wirklich* wichtig sind, mit Bedacht. Ist es die Schule, das Ausgehen, das Geld, das Familienleben, das Essen, die Kleidung, das unaufgeräumte Zimmer, die unpassenden Freunde? Tolerieren Sie zum Beispiel schräge Kleidung oder bunte Frisuren, auch wenn Sie sie scheußlich finden. Ihre Kinder werden es auch irgendwann wieder scheußlich finden.
- Vorbild sein! Persönlichkeit bleiben! Kein Kumpel, sondern Elternteil sein. Studien zeigen auch, dass Jugendliche, die sich besonders aktiv von ihren Eltern abgrenzen, später psychisch stabiler sind als andere.

Nach Meinung des dänischen Familientherapeuten Jesper Juul beginnen Eltern oft erst in der Pubertät mit einer Art Turbo-*Er*ziehung, um in letzter Minute alles richtig zu machen, was aber nicht funktionieren kann, denn in der Pubertät kommt es vor allem auf die *Be*ziehung an.

Das gilt nicht nur in Beziehung auf das Thema Schule oder Lernen, sondern umfasst alle Lebensbereiche. Aber gerade in Bezug auf die Schulleistungen, die in diesem Alter oft typischerweise nachlassen, wird manches sichtbar, was seine Wurzeln in der bisherigen Erziehung bzw. bisherigen Beziehung zwischen Eltern und Kindern gelaufen ist. Gerade in der Pubertät fällt vielen Eltern besonders schwer, sich auf eine Begleit- und Kontrollfunktion zurückzuziehen. Natürlich ist das auch schwer, denn in all den Jahren zuvor war man mit Aufpassen und Beibringen beschäftigt, und dann soll das plötzlich vorbei sein und man soll sich auf die billigen Plätze zurückziehen. Nicht einfach.

Aber spätestens im Alter von 13 oder 14 Jahren sollte es mit der Bevormundung vorbei sein, und an ihre Stelle sollte der Dialog treten, in dem zwar die höhere Lebenserfahrung des Erwachsenen ins Treffen geführt werden kann, doch ohne den erhobenen Zeigefinger. Selbstständigkeit nur zu den Bedingungen der Eltern ist paradox.

Auch in den Haushalt einbringen dürfen sich Jugendliche. Man kann von einem 15-Jährigem durchaus verlangen, dass er sich um seine eigenen Dinge kümmert, zum Beispiel um seine Kleidung. Der Umgang mit Waschmaschine, Trockner und Bügeleisen ist keine Raketenwissenschaft, wie die Amerikaner sagen. (Die Bratpfanne hingegen schon.)

Auch für Teenies benutzbar ist der Staubsauger. Es ist doch ein wunderbares Gefühl, wenn es im Auffangbeutel klackert und man endlich weiß, wo man letztens das Kleingeld hingepfeffert hat.

Manchmal hilft es auch, folgende Sätze zu ignorieren:

1. Mein Rad ist platt.
2. Meine Lieblingsjeans ist dreckig.
3. Wir haben kein Nutella mehr.
4. Ihr seid so gemein.
5. Das ist Kinderarbeit.

Das muss kesseln!

Jugendliche leben nur im Hier und Jetzt, nach dem Lustprinzip. Sie wollen sich von den Erwachsenen distanzieren, sind kritisch, gleichzeitig aber auch immens sensibel und häufig mit sich selbst unzufrieden.

„Es muss knallen! Je heftiger die Pubertät, desto klarer das Profil. Oder wollen Sie Ihre Kinder zu angepassten Ja-Sagern machen?“ ermuntert die Erziehungswissenschaftlerin Dr. Charmaine Liebertz.

Die Rolle der Erziehenden definiert sie so: „Eltern und Lehrer sind hauptberuflich Reibeflächen. Da ist Gelassenheit gefragt und ein dickes Fell.“

Leichter gesagt als getan, wenn Sie bei „dickem Fell“ reflexartig an den Camembert denken, der vier Monate unter dem Bett ihres Sohnes gelegen hat.

Und was wollen die Teenies eigentlich? Recht einfach zu beantworten:

1. Ihre Ruhe, und zwar immer dann, wenn sie ihre Ruhe wollen.
2. Dass man ihnen immer glaubt.
3. Dass sie Hunger haben können, wann immer sie wollen, und dass dann bitte immer das Lieblingsessen im Kühlschrank steht (sowohl Mutter als auch Vater können auf den langgezogenen Schrei, begleitet von „Es ist ja gar keine Leeeeebeeeeerwuuuuuurst mehr da!“ nachts um drei verzichten.)
4. Dass ihr Zimmer ihnen gehört und nur ihnen.
5. Dass sie mit den Eltern auf einer Augenhöhe sind und nicht drunter.
6. Dass die Eltern sie akzeptieren, wie sie nun mal sind und nicht verbiegen wollen.
7. Dass Eltern ihre Erwartungen nicht so hoch schrauben sollen. Wir sind keine Wunder, wir sind Kinder.

Hier verweise ich auch gern noch mal auf das Kapitel „Chill deine Hobbys“ – Erwartungshaltungen.

Zu einem pubertierenden Kind passt die Schmetterlingstheorie: Es ist ein mühsamer Kraftakt, sich aus seinem Kokon zu befreien, aber der Schmetterling muss es alleine tun, sonst geht es nicht. Eine Zuschauerin kam zu mir und meinte, die Metamorphose verlaufe bei ihrem Sohn genau umgekehrt. Ein süßer Schmetterling wird geboren, dann geht er mit zehn, elf Jahren in seinen Kokon, kommt ab und zu raus, geht zum Kühlschrank und wird zur Raupe Nimmersatt. So kann man es natürlich auch sehen.

Insgesamt könnten unsere Kinder dankbar sein, finde ich. Nicht nur für das viele Futter, sondern auch, dass wir im sicheren Deutschland leben. In Holland ist es gefährlicher – wenn da die Kinder das Elternhaus verlassen, können sie ganz schön auf die Nase fallen, denn das Elternhaus fährt 60 km/h die Stunde!

Zum guten Schluss noch eine Aussage, an der man sich orientieren kann. Ein Vater schaut zurück auf die Pubertät seiner Kinder:

> „Ach Gott, was habe ich mich verrückt gemacht. Schule, Ausbildung usw. – warum eigentlich? Das Beste, was ich gelernt habe: Sie gehen ihren eigenen Weg, genau den, der für sie richtig ist. Die Werte, die wir vermittelt haben, haben sie intus und siehe da, es klappt super."

Hört sich locker an, doch der Weg war weit. Es bedarf viel Kommunikation, viel Verständnis und vor allem Reflexion. Es ist für alle ein Lernprozess. Auch Selbsterkenntnis ist dabei:

> „Ich habe heute festgestellt, ich bin manchmal viel schlimmer als ein pubertierender Teenager. Da hab ich doch tatsächlich die Brotdose in meiner Arbeitstasche vergessen. Ich hatte leider ein paar Tage frei und das Brot war noch drin. Und wer hat es gefunden? Meine 15-jährige Tochter, der ich immer unter die Nase reibe, dass sie die Sachen aus der Schultasche holen soll. Jetzt konnte sie mir was unter die Nase halten", gestand mir eine Mutter nach einer Show.

„Ich bin morgens furchtbar schlecht gelaunt und nicht unbedingt ein Quell der Freude. Zudem spiele ich voll gerne an meinem Handy, guck gerne Fernsehen und mach ungern Dinge, die ich blöd finde.“ Das bin ich selber am Wochenende.

Noch ein verrückter Gedanke, der einem viel öfter kommen müsste: „Ich gehe mit meinen Kindern so um, wie ich möchte, dass mit mir umgegangen wird!“

Und nun? Wissen Sie was: Krallen Sie sich nicht an Ratgebern fest! Vertrauen Sie Ihrem Bauchgefühl, und vor allem auch – weil Sie Ihre Kinder lieben – Ihrem Herzgefühl!

Das macht Sie zu wunderbaren Eltern!

QUELLEN

Daniela Strube ist Leiterin der Facebook Gruppe „Keep cool, Mama". Die Mütter und Moderatoren haben aktiv an diesem Buch mitgearbeitet.

Kapitel 1 | Chill deinen Körper

Karina Weichold, Friedrich-Schiller-Universität Jena. https://www.uni-jena.de/uni_journal_04_2011_forschung.html

Kapitel 3 | Chill dein Gehirn

F. Crews/J. He/C. Hodge: Adolescent cortical development: a critical period of vulnerability for addiction. https://www.ncbi.nlm.nih.gov/pubmed/17222895

Jay Giedd: The Amazing Teen Brain. Scientific American 2015

http://www.znl-ulm.de/yolo/dummy/Wissenschaftlicher-_Hintergrun/Pubertaet/pubertaet.html

Kapitel 4 | Chill die Schule!

http://www.magazin-schule.de/magazin/schafft-die-8-klasse-ab/

Kapitel 5 | Chill dein Handy

Kenneth Hansraj: Assessment of stresses in the cervical spine caused by posture and position of the head. https://www.ncbi.nlm.nih.gov/pubmed/25393825

Manfred Spitzer, Cyberkrank. München 2017

Nicholas Carr, *Wer bin ich, wenn ich online bin …und was macht mein Gehirn solange? Wie das Internet unser Denken verändert.* München 2010

Kapitel 6 | Chill die Familie
Taschengeldtabelle:
http://www.t-online.de/leben/familie/erziehung/id_16514274/taschengeld-tabelle-2017-so-viel-taschengeld-ist-angemessen.html

Jan Uwe Rogge: *Pubertät: Loslassen und Haltgeben*. Reinbek bei Hamburg 2010

Kapitel 7 | Chill meine Hobbys
Family: The Good Afa Word. The Life-Changing Action Plan for Building Your Best Family. Foreword by Phil McGraw. Troy Dunn 2014

Ulla Atzert / Uli Höhmann: Leben für Fortgeschrittene. Vom Glück des Älterwerdens. Frankfurt/M. 2009

Jay Giedd: The Amazing Teen Brain. Scientific American 2015

Kapitel 8 | Chill die Pubertät
Rolf Göppel: Was können wir nie wieder so gut wie in der Pubertät? http://www.zeit.de/zeit-wissen/2017/01/erwachsenwerden-pubertaet-faehigkeiten

Jesper Juul: Pubertät – wenn Erziehen nicht mehr geht: Gelassen durch stürmische Zeiten. München 2010

Charmaine Liebertz: Vortrag über Pubertät an den Maria-Ward-Schulen.
http://www.maria-ward-gymnasium-bamberg.de/schulleben/vortrag_von_dr_charmaine_liebertz_ueber_pubertaet_an_den_maria-ward-